九州のママに贈る

男の子を成功に導く

トコ流 ほったらかし育児術

トコ 著

メイツ出版

子どもを育てるって、大変そうだなぁ。

最近のニュースを見聞きして思います。そんな状況のなか、ガンバっているママたちに、大拍手を送りたいわ。でもね、あんまりガンバりすぎて、疲れちゃっていませんか。

私も、息子二人の子育てを経験しました。

最初は、ガミガミママで、いつもイライラして毎日クタクタだったのよ。一日中子供を叱り、テストの点に一喜一憂し、小学校の保護者会の会長も勤めた教育熱心な母親でした。その頃、すべての私の時間は育児に費やされていました。

でも、ある事件が起きて、180度方針を変更しました。それからは、「子供より、まず自分!」。子供の将来は、彼らの判断に任せて、私の人生をまず、楽しいものにしたい。そう決めたら、スッキ

♪お好み焼き
パーティー♪

よかったね

ヤサイ
レシピ

りしました。だって、自分の子供なんだから、冷静に考えたら、成績だってトップになれるわけないじゃないの。難関校合格なんて無謀なことを夢想して、子供のおしりを叩いて塾にいかせるより。子供がすくすくと、やりたいことを見つけて、楽しく暮らせるような道を彼ら自身が発見できるように、だまって見守ってあげたい。偉い人とか、すごい人なんかにならなくてもいい。彼らなりの幸せな人になってほしい、と応援することにしたの。

そして、ニコニコママに大変身。「勉強しなさいを言わない」「ゲームをやめなさいを言わない」。などなど。キッパリ決めたの。子育ては一度しかできない実験のようなものです。でも、それが失敗したとしても、私の人生が有意義に過ごせれば、いいじゃないの。と、腹をくくったのよ。トコ流「ほったらかし育児」をしてみました。

そしたら、驚いたことに。ニコニコママになってからのほうが、息子たちものびのびと育ち、私自身も自分の生き方を見つけて、充実しています。

そんな経験をもとに、トコは、コラムニストとして、朝と夕方のテレビ番組のコメンテーターとして、意見をいってます。だって、女性はいつも自分自身を後回しにして我慢をし過ぎていると気づいたからよ。

子育てもそうです。そして、母性とはいえ、母の愛を与えすぎるのはどうかしら。愛が多すぎて、ガミガミになっていませんか。あのままガミガミママだったら、息子たちは、私のことをめんどくさい、うっとおしいと感じ、家を出ていったまま連絡もくれなかったのでは、とすら思うわ。子育てとは、子供を大きくするのではなく、自分の足で歩ける社会人にすることです。

現在長男31歳、次男29歳。長男も次男も、ほったらかしていたのに、慶応大学経済学部に現役合格。長男は、日本と米国を行き来して仕事をしており、会社社長。次男は、舞台の演出脚本に加え、映画監督。ベルリン国際映画祭にも出品しました。いまでは、母親と子供というよりも、人間対人間として、いろんなことを話したり、

相談しあったり、一緒に3人で旅行をしたりもしてます。

　親と子の関係は、子育て中よりも、成人してからの方が長いのよ。家族がずっと仲良しでいられるためには、トコの方法はおすすめ。子育て後の母子関係まで、考えている育児本はないなぁ、と思ったのも、この本を書いた理由のひとつです。男の子を持つお母さんが楽になる、トコ流育児、失敗もたくさん書いてます。参考にしてくださいね。

　そうそう、この方法は、子供だけではなく、元男の子である夫にも使えますよ。まずは、ほったらかし法は、夫で実験してみてもいいかもね(笑)。自分の人生を大切にしたら、子供の人生も変わり、他の人との付き合いかたも変わってきて、気楽なのにとてもステキな毎日になりました。皆さんもほんの少しの勇気をもって、ほったらかしてみてね。

ほったらかしママ、トコ

「ほったらしのススメ」

もくじ

鉄則

ガミガミからニコニコへ

「ママの心得」

「ルール&気付き」

りょーかい

うぎゃー

其の一

ほったらかし育児の始まり。「勉強しなさい」を決して言わなくなったわけ。

「子どもの教育に必死になるのって、割が悪いなぁ」

勉強しなさい、と言わずにいられるはずはない、と思うでしょうが。トコは、子育ての途中から、方針を180度変更し、ほったらかし育児を始めたのよ。それから「勉強しなさい」を一度も言っていません。そしたら中高と塾も行かずに慶應大学に合格したのよ。

「ガミガミ母さん」からの子育てスタート!?

実は、トコは、子どもが小学生まではでは、ものすごい「ガミガミ母さん」だったのよ。

それが変わったのは、長男が小学校6年生、次男が小学校4年生の時のことよ。

長男は小3の後半から塾に通わせて、中学受験にまい進していました。自宅から遠い私立の小学校に通っていたため、放課後に塾に行くためにお迎えに行きます。週に2度が3度になり、受験直前は、ほぼ毎日。車の中で、簡単に晩ご飯を食べさせ、塾に送り届けると、家に帰って。数時間すると、塾にお迎えに行きます。

しかも通っていたのが、スパルタの厳しい塾だったので、授業の終わった時間には出てこなくて、塾の前で、一時間以上待ちぼうけなんてしょっちゅうよ。今のように車にテレビなんてついてなかったのでヒマですし。携帯電話もなかったから、待つしかなかったの。近隣の住宅に迷惑をかけるので、エンジンは切ってください、と注意されていたから、じっと暗闇で待っていました。当然、それから帰宅して、学

校の宿題なんてできないわよね。母**子どもに、へとへとになりました。**

絶対に、「勉強しなさい」といわないようにするわ！

そして、中学受験の結果ですが。トコが希望していた学校には不合格でした。あんなにがんばったのに、とトコは、バスタオルが絞れるほど泣きました。ところが、長男は、ケロッとしています。

その時に気づいたの。

子どもの教育に必死になるのって、割が悪いなぁ、と。

いくら自分が送り迎えとか、がんばっても、本人がやる気になってくれなきゃ、空回りするだけじゃないの。その時に、ハッと気づきました。

子どものことより、まず自分。私が楽しければ、いいじゃないの。子どもの人生は、子どものものなのだから、私が、いい学校に入れたいとか、必死になる必要はないんだわ。

それからです。「今後は絶対に、勉強しなさいといわないようにしよう」と心に決めました。それから、一度も言っていません。

ところが、ほったらかし育児を始めたら、難関中学校に次男がひょいと入っちゃったのよ。お母さんが苦労しなくて、息子が合格、こんないいことないじゃない。

＼まとめ／

その後、社会人になった息子たちに聞いたら、
「勉強しろしろってうるさかったときは、
逆に、勉強してやるもんかって反抗していた」って。
へーそうだったのね。
子どもの心、親知らずだわね。

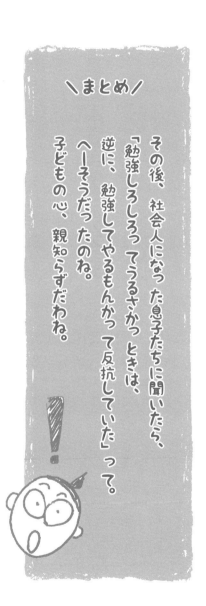

其の二

質問に答えましょう。なぜ勉強しなきゃいけないの？

「あれもこれも勉強で身についた知識です」

なんで勉強しなさい、ってお母さんは口うるさく言うのでしょうか。意外と説明できない「勉強」の意味を知っておきましょう。

社会に出て共通の認識を持てるように。

「なんで勉強しなきゃいけないの？」といわれても「子どもは勉強が仕事だから」とか「学校でしなきゃいけないから」というのは、質問の答えになっていないわね。勉強を辞書で調

べたら、「学問や技術を学ぶこと・経験を積んで学ぶこと」とありますが。ピンときませんよね。

具体的に考えると。**勉強とは、社会に出て共通の認識を持てるようにすること**なのです。

基本は、文字を知ることと、数字を理解すること。

あいうえお、を習っていなかったら、字が読めません。「これは飲み物ではありません」と書いてある、オレンジ色のいい匂いのする液体を、ジュースと思って、飲んで、身体を壊すかもしれません。「立入禁止」の意味がわからずに、入っちゃうかもしれません。

たくさん知れば知るほど生活がしやすくなるということ。

さらに、数字ですが。数の概念を知ること。ある人が、「リンゴが500個あります。ひとりで持って帰れますか？」と質問したときに、みんなの頭には、500個のリンゴの量が浮かびます。そして、持って帰るなんて、ひとりでは無理だな、とわ

かります。ところが、500という数を知らなかったどうでしょう。「わかりました」と答えて、そのリンゴ

を見て驚くでしょう。私たちが当たり前に知っている数、これも勉強で身についた知識です。

さらに数字を使う、計算もそうです。150円の商品を買って、1000円だしたら、おつりは850円。**これも、算数を学んでなかったら、わかりませんよね。**

例えば、先生が、「直径 30センチ、長さが5メートルの発泡スチロールの棒が1ダースあります」と話したら。皆は、電柱のような形が頭に浮かびます。なぜなら、直径とおっしゃったので、それは、円柱だな、とわかるからです。その円の太さも、直径、半径などを習っているので、

わかりますよね。さらに、1ダースとは12、ということも知っていますから、ほほう、12本あるのね、と、わかります。

勉強とは、そういう風に、社会で生活するために、共通の知識をたくさん身につける、ということなのです。**たくさん知れば知るほど、生活がしやすくなるのです。**

なので、学校に行って、勉強することは、その後の生きやすさにもつながります。さらに学校では、集団生活も学びます。大切なことなのよ。

「なんで勉強しなきゃならないの？」と聞かれたらこういうことを具体的に説明したら、納得してくれるわよ。

＼まとめ／

同じように、「なぜ働かなきゃ いけないの」と質問されたら、「お給料がもらえるからよ。収入があるから生活ができるの。電気だって水道だってお金を払って使っているのよ」と労働の大切さも教えたいわね。

其の三

ニンジンが嫌いでも いいじゃない！

「ニンジン、ニンジン、と目くじら立てなくても」

うちの子は、どうしてもニンジンが食べられないんです、と悩んでいるママたち。トコは思うの、ニンジンくらい食べられなくっても平気よ。今食べられなくても、そのうち食べられるようになるかもしれないし。

ビタミンはほかの野菜でとればいいんだしね。

実は、トコの友人に、背がとても高くて健康な女性がいます。明るくて楽しくて、その人の周りにはいつもたくさんの仲間が集っているの。でも彼女は、大人になった今でもニンジンが食べられません。一緒にご飯を食べていたら、トコのお皿に、ポイッ、と、自分のお皿のニンジンを置きます。

「トコさん、食べて、ニンジンだけは、いまだに食べられないのよね」

「おいしいのに、ニンジン」ともりもり食べてみせますが。彼女は言います。

「でもね、ニンジン食べなくても背だって大きくなったし、健康だもん。そして、ニンジン嫌いだからって、人生の中で困ったことなんてないもの。だから、子どもには無理して食べさせたりしなくていいと思うよ」

一理あります。ニンジン、ニンジン、と目くじら立てなくても、ニンジンのビタミンはほかの野菜でとればいいんだしね。そうそう、サッカー日本代表だった中田英寿さんは、野菜嫌いで有名です。彼が食べられる野菜は、すりつぶしたじゃがいもとトマトソースだけなんですって。

野菜嫌いでも、世界のトップ

アスリートになれるんだから、ニンジンで悩む必要はないわよ。もっと、大きな視点で食生活を考えてみては？

味覚は年齢で変わるわよ。

独特の苦みのあるピーマンとかセロリなんて、子どもは苦手。トコも、ピーマンやセロリは、決して好きな野菜ではなかったけど。大人になったら、逆に、その風味がおいしく感じてきて、今では、好物でバリバリ食べてるわ。さらに、タケノコは、高校生くらいまでエグミが嫌で、食べなかったけど。大人になったある日、食べてみたら、まあおいしいこと。今では、季節になったら、目の色かえて、タケノコ料理をするようになりました。

それには理由があったの。実は、このエグミというものは、成長ホルモンの一種なんですって。で、タケノコって大きな竹にぐんぐん伸びていくでしょ、エグミはその成分らしいの。なので、成長ホルモンが出なくなった大人の年齢になったら、自分の身体に不足している成長ホルモンを欲して、タケノコのような、エグイ味がおいしく感じられるようになるんですって。

まあ、ふしぎね～～。確かにタケノコが好きな子どもは、めったにいないわよね。

だから味覚は年齢で変わるわよ。あれこれ調理して、ごまかしてまでニンジンを食べさせることは、ないと思うのよ。どうかしら？

＼まとめ／

大人になると、「玉ねぎが食べられない」なんてのが逆にネタになって、宴会で人気者になっている人もいるわ。

其の四

気が散る子どもは見どころあるわ。

「どんどん、やりたいことを習わせてみましょう」

うちの子どもは、根気がないんです。習い事も、すぐにやめたいって言うんですけど…と悩んでいるお母さん。安心してください。子どもに、根気は必要ありません。

本人が乗り気でなかったら、母子ともに、疲れちゃう。

子どもは、あれこれと興味が移るのは、当たり前。ていうか、好奇心のかたまり、それが、子どもです。だって、この世に生まれてきてまだ数年。あれもこれも目新しいものばかりなんですもの。

だから、**ひとつのことをずっと続ける、なんて、なかなかできないものなのよ。**

さらに!!

「習い事をやめたいの」という子どもの申し出に、トコは、拍手を送ります。

特に小さいときは、親が勝手に、と英語をしゃべってほしいから、と英会話の教室にいれたり、泳げるようになってほしいから、とスイミングの教室に入れたり。あ、これはトコがそうだったんだけど。どっちも、本人が乗り気でなかったから、母子ともに、疲れちゃったのよ。

さらに、トコ自身も、子どもの頃。親からピアノを習わされていたの。昭和40年代の日本が高度成長期だったので。女の子にはピアノを習わせる、というブームがあったみたい。当時応接間にピアノがあって、毎週、ピアノの先生が、自宅に教えに来てくれるんだけど。その日がイヤでイヤで仕方なかったわ。特に、音楽好きの家庭でもなかったので、逆に、両親は、音楽の素養を身につけさせたい、と思ったのでしょうね。レッスンをしたくない一心で、ピアノと

壁の隅間に、教本のバイエルを隠したり。前日は、熱が出ないかなぁ、と、冬には、お風呂上がりにしばらく裸でいたり、何とかして休みたかった。で、小学校高学年になって、中学校への受験があったので、やっと、やめられることになったの。小躍りして喜んだわ。

子ども時代は好奇心だらけ。

なかなか、子どもは、親には、本心を言えないものです。

なので、「ボク、この習い事、やめたいの」と素直に親にいえる子どもは、

とても勇気があると思うのよ。

好奇心だらけの子ども時代は、あれしたい、これしたい、というと思います。どうぞ、今は、最初は無料の体験レッスンなどがあるので、「えっ、そんなことに興味があるの？　それより、お勉強しなさい」なんて拒否せずに。どんどん、やりたいことを習わせてみましょう。私たちが考えもつかなかった、才能が、そこから芽生えるかもよ。だって、その昔は、パソコンなんて、家庭にはなかったのよ。もちろん、IT関係の仕事なんて存在しなかったんですもの。それが今は花形職業のひとつでしょ。時代は変わるの。子どもが大きくなった時には、どんな世の中になっているのかしらね？

＼まとめ／

子どもの好奇心を大切にしてね。習い事をやめたいというのなら、きっと何かをガマンしているのよ。無理して続けさせる必要はないわよ。

其の五

「クローズアップして、ほめちぎりましょう」

成績が悪い、と、悩むべからず。

我が家では、ニコニコママになって以降。一度も成績のことを叱ったことはありません。学年でも、下に3人くらいしかいなかったのよ。どんな成績でも、ほめました。「よかったね、下に3人もいるよ」と。だって、全員が一番になることはできないんですもの。下で支える立場の生徒もいなきゃ世の中は成り立たないわ。

学校内の成績の上下なんて。

でもね、テストの成績って何かしら？高校や中学だったら、クラスの生徒はほんの数十人、学年では、数百人くらい？その人数の中で10番や20番とか上がったり下がったりでしょ。世間に出たら、もっとたくさんの同級生がいて、はたまた、日本にはどうかしら？世界中にはどれだけの同級生がいるかしら？そんなことを考えたら、学校内の成績の上下なんて、トコは、**ちっぽけなことに思えてきたの。**

成績だけじゃなくて成長をほめる。

学年のテストで、「下に3人もいてよかったね」とほめた時は。「うん、でも、ひとりは入院中で、あと二人は、長期欠席なんだよ」だって。「あらまー、じゃあ、テスト受けた人の中では最下位なのね。じゃあ、よかった。これ以上下がることはないじゃないの」と、大笑いしました。

つまり、**成績が悪いということは、これからどんどん上がる可能性がたくさんあるってことなの。**伸びしろがあるのよ。期待しちゃうわ。それに引き換え、1番の人なんて、成績をキープするのは大変でしょうね。そして、次のテストでは、下から10番くらいでした。

「わあ、すごい、10番くらい上がったね。次も10番上がるでしょ、そして次も10番上がるでしょ。この調子で行くと、卒業するころには、1番になっちゃうよ、すごいねー。やったねー」と、ほめちぎります。全部の中で下から10番を意識させるより、

自分が過去の自分よりも、成長していることを教えます。

そしてそれを続けると、夢のようなことが現実になることも教えます。

「一緒に入学した、○○ちゃんは何番だったってよ、それに引き換えあんたは、もうどうしてできないのかしら」なんて、他人とくらべることはありません。

その子自身が、成長してゆくことが、大切なのです。なので、もしも、成長していたら、その部分をクローズアップして、ほめちぎりましょう。千里の道も一歩から。成長をほめるのは、成績だけじゃなくて、なんでもいいんですよ。

＼まとめ／

子どもの成績に一喜一憂するよりも、自分が人間として成長しているか、を考えてみて。家庭にしばられず、ボランティアでもなんでもいいの。社会に参加してみたら、大きな気持ちになれます。

其の六

忘れ物はさせましょう！

「学校に持って行くものがあったとしても、私は知らんふり」

時間割をしたら「忘れ物はないかしら？」と毎晩点検するべからず。忘れ物をすることは、実は人生にとって大切な体験なのよ。

えっ、どうして？

うちの子は、時間割しなさい、と何度もいわなきゃ、ちっともしないんです。そして翌朝、あわてて教科書やノートを入れるので、結局忘れ物も多くなるし。なので、寝るまで、何度も、時間割はした？と注意しなきゃいけないんです。というお母さんがほとんどね。なので、毎日毎晩、「忘れ物はないかしら」「明日の図工では、牛乳パックが必要でしょ、ちゃんと持って行きなさい」いちいち、子どもに教えてあげていませんか。

さらに、重症になったら、子どもが寝た後、ランドセルのフタを上げ、教科書とノートがきちんと入っているか、点検したりして。

さらに！さらに！重症になったら。そっと、入れ忘れているノートや教科書を、そろえて入れたりしていませんか？

あーあー、もう、その行為は、逆効果だわよ。

こっそりチェックなんて、子どもの行動を、信じていないってことっよ。まずは、あなたの子どもを信頼してあげること、それが、とっても大切なの。

トコは、いっさい、時間割をしなさい、なんて言ったことがありません。さらに、学校に持って行くものがあったとしても、私は知らんふり。私のほうから準備してあげたことはありません。

「冷たい親ですね」「どうしてお世話してあげないの？」「子どもが忘れ物したら困るでしょ？」と非難の声が聞こえますが。本当にそうでしょうか？

「ボクが学校で困るから、きちんと準備しなきゃ」

忘れ物は、どんどんさせてください。あっ、これは、忘れ物をしろって言っているのじゃないのよ。忘れ物をしたらそれは、仕方ないってこと。「忘れ物をしないように」って、お母さん事前に注意したら。がみがみ叱られるから、持って行かなきゃ、と、子どもは思うの。

そうじゃないの。忘れ物をすることを体験したら、困るのは誰かしら？お母さんじゃなくて、子ども自身でしょ。そしたら、自然と、「忘れ物をしたら、ボクが学校で困るから、きちんと準備しなきゃ」ということに気づくんです。

時間割を寝る前にすることや、忘れ物をしないようにする。それを、子ども自身でできるようになるためには、心配だけど見守ることよ。失

敗して、困ったことになった時に、気づきは生まれるのです。

　お母さんは優しいので、失敗する前に、注意したり、叱ったりして、手を差し伸べるけど、失敗を体験させることが、自立への第一歩なのよ。例えば、熱いアイロンもそうね。「アイロンの周りで遊ばないでっ」とお母さんが叱っても、「叱られるから、あっちに行こう」と、子どもは思います。アイロンをやけどしない程度の温度で、触らせましょう。「ほら、こんなに熱くてやけどすると危ないから、アイロンの近くで遊ばないでね」というように、理由を教えるべきなのです。

＼まとめ／

もしも忘れ物をしても。
その時に、子どもがそのピンチをどうやって切り抜けるか、ということが自分の頭で考える練習につながります。
先生に謝ってもいいし、助けてくれる友達がいるかもよ。

其の七

一緒の習い事に行くべからず！

「無理して通わせて、本当に申し訳なかった」

友達と一緒に習い事に通ってますか？うーん、習い事を始めた理由が「友達が行っているから」というのなら、ちょっと考えてみて。

苦手は苦手のままでいいのかもしれないな。

トコも、息子たちが、お友達と、なるだけ一緒にいられるように、と、習い事にあれこれ通わせました。ママ友と、交代で送り迎えしたりね。でも、結局、どれも、子どもには向いていなかったし、トコも、苦手なママ友とのお付き合いで、無理をしていたのね、と今になったらわかるわ。その理由は、**なにを習っていたか、思い出せない**からよ。

人は、辛いときのことや、いやだったこととの記憶にフタをしてしまうんですって。息子は興味がないし、逆に苦手なものばかりだったような。それなのに、みんなが行くから、と無理して通わせて、本当に申し訳なかったとしみじみ反省してます。

苦手だから、練習させて人並みに、と親心もあったんだけど。苦手は苦手のままで、いいのかもしれないな、と思ってます。

もしも、わが子が、「ママ、ボク、これ習いたい」と、言い始めた教室なら、喜んで通わせてみましょう。そしたら、そこから才能が発掘されるかもしれないわよ。

トコの時代は、男の子は、スイミングに英会話に、サッカーが流行りでした。もちろん全部通いましたよ。ガミガミママだったので、本人は行きたくないのに、休んじゃダメでしょ、と、叱り飛ばして連れて行き、母子ともに疲れちゃったことしか記憶にありません。月謝もばかにならないしね。おけいこごとの往復も、幼稚園だと、お母さんが連れていかなきゃならないので、毎日、むやみ

に忙しかったわぁ。それでイライラも増えていたかも。
今考えると、普通の生活の中で学ぶことはたくさんあるから、特に、通わなくてもいいかなぁ、と思います。おうちの中で、お母さんのお手伝いをきちんとする、なんてことのほうが、よっぽど人間形成に役立つはずよ。あーあ、その点は、失敗しちゃったわね。

無理して通わせない。

最近は、羽生選手の活躍で、スケートを習う子や、錦織選手に影響されて、再びテニスブームが来ているらしいわね。

もちろん、**子ども自身がやってみたい、というのであれば、すぐに体験レッスンに連れていきましょう。**

もしも、お母さんが、ユズみたいにならないかしら？　エアーケイもカッコいいわね、と、習わせ始めようと思うのであれば、ちょっと考えなおして。自分の子どもなんだから、そんなにきらめく才能を持ってるはずがない、と知っていたら、子育てが楽になるわよ。

＼まとめ／

とはいえ、子どもの可能性は無限大。
ありきたりの習い事ではなく、
うちの子は無理無理、なんて言わずに、
ジャニーズに履歴書送ってみるなんてどう？
どうころんでも、面白いわよ。

其の八

公園デビューなんてしなくていいのよ。

「そういうタイプなんだってことじゃないかしら」

お友達と仲良く遊べないんです。どうしたらいいでしょうか？と悩むママがいらしたら、こう教えてあげたいわ。「友達と遊ばなくてもいいのよ」

いまは、ひとりでできる職業もたくさんあるし。

友達と遊ぶことって、大切なことのように思われますが。本当にそうでしょうか？

トコは、今、コラムニストという仕事をしています。ずっと一人で、原稿を書いて仕事をしていますが、誰ともしゃべらなくてもとても楽しいですよ。

子どもの頃も、幼稚園にはお手伝いさんが迎えに来ていたので、誰かのおうちに帰りに遊びに行ったり、公園に寄ったり、という記憶はありません。小学校も、越境して、遠くの附属小学校にバス通学をしていたの。一時間以上かかりました。なので、朝は、6時半ごろ家を出て、バス停まで歩きます。帰りも、すぐにバスに乗って帰ります。帰りのバスには何人か一緒に乗るのですが、どんどん降りて行って、すぐにひとりになりました。で、トコはその行き帰り、ずっと、本を読んでいました。ドリトル先生や、アルヤーヌ・ルパン、コナン・ドイルの探偵小説、たくさん読みました。おかげで、視力は悪くなり、4年の頃に眼鏡をかけましたが。その読書の経験が、今の私の基礎になったのではないかな、と思っています。

幼稚園が終わって、とか、放課後、友達と遊んだことのないトコですが。園や学校にいる時には、まあまあ遊んでいるのだから、それでいいかな、と感じます。それでも、大人になって、ちゃんと、人付き合いはできていますから。**人には向き不向きがあって、いつも人と一緒に**

いたい人と、ひとりで居たい人がいるんだと思うの。トコは、ひとり派だわね。特に人と接しなくても、いまは、ひとりでできる職業もたくさんあるし、お友達とうまく遊べないなら、それは、そういうタイプなんだってことじゃないかしら。

自分のことは、自分で考える練習。

それよりも、ひとりで居る時間が長いので、自分のことは、自分で考えて、決定することができるようになったの。だって、長いバスの通学中。小学一年生なんて6歳ですもの。例えば、バスを乗り間違えたら、どうする？自分で考えて、運転手さんにきちんと説明しなきゃならないでしょ。急に雨が降ってきたらどうする？ものすごく暑い日はどうしたらいいの？いろんなトラブルも、なんとか切り抜けて来ました。

そして、冬の朝は、バス停までが、真っ暗で寒かったなぁ。でも、がんばって通学したよ、ということが人生の自信につながっています。

＼まとめ／

人には向き不向きがあります。
ひとりでいたいなら、ひとりでよし！
ひとりで遊ぶと、考える力や想像力が育つわよ。
芸術的な職業ってひとりじゃない？

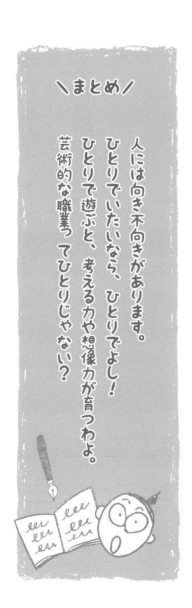

ぼったらかしのススメ

其の九

高3の夏から大学受験勉強開始。

「面白いように頭に入るんだよ」

自分で考えて決意をしたら、男の子は、驚くようなパワーを発揮するのよ。

受けたいだけ、受けなさい。

トコのころは、大学受験にセンター試験がありませんでした。国立は、一期校、二期校という風に分類されていたけど。受けたいならどこでも受けてよかったのよ。ところが

センター試験とやらが始まり。いろいろシステムが変わってしまったのよね。なので、大学受験に対しては、センター試験がどう作用するかがわからなかったので、ノータッチでした。しかも、両親が私立大学だったので、この子たちは国立大学受験なんて、無理だろうな、と思っていたのよ。でも、東京の生活を体験させてあげたかったので、受験は東京の大学がいいよね、というサジェスチョンはしていました。

東京で生活をしたかしなかったか、という部分は、人生の視点にとって、大きく作用します。やはり、情報はすべて東京中心だし、すべてのものが東京に集中するんだもん。若いときにそれを大学生としてのんびり享受してほしかったの。なので、受けたいだけ、受けなさい、と許可しました。

しかし、学校から、「受験より、卒業ですよ」と注意されているくらいの赤点ラッシュ。「そうですね、その時は、**どうぞ留年させてください。本人がしていなかったのが悪い**んですから」と申しあげました。

でも、大学受験はできます。

本人が高校3年生の夏休みになって、「予備校の夏期講習に行きたい」と言ってきました。今まで中高と、塾に行ってなかったのですが。本人が、塾に行きたいなら、いいでしょう。二科目くらいの講習を申し込みました。そしたら、それまで全く勉強をしていなかったので、「面白いように頭に入るんだよ」と初めて学習

する喜びを感じたようです。申し込んだ講習はすぐに終わったのですが、予備校の自習室に通っていました。「勉強を教えてくれる先輩がいるんだ」とのことでした。まあ、クーラーも効いているし、過ごしやすいんだろうな、と見守っていたの。

「こまった出来の悪い生徒」だったのにね。

さあ、受験です。

でも、一校受けるのに、2万5千円くらいかかるし、受験の旅費宿泊費もたいそうな額になりました。で、8校くらい願書を出したかしらね。

途中、きつかったから、受験に行かなかった、なんて学校もありましたが。

結果、**慶應大学経済学部、商学部、早稲田大学商学部、青山大学、など、6大学と呼ばれる大学に通りました。**しかも学校創設以来、はじめての慶應経済現役合格、ということで、赤点なんて何のその。当然卒業証書を受け取れることになりました。それから、先生の態度もかわり、こまった出来の悪い生徒だったのが、「君はやると思っていたよ」と、握手を求められるほどになったのよ。

大人って、ずるいね、そんなことも感じたようでした。

＼まとめ／

後で知ったけど、長男は「選択問題なら問題を読まずに解ける」技術を開発したらしいの。ゲームをトコトンしたので、入試も攻略法がわかってクリアしたのね。

其の十

子どもを無条件で叱る3つのこととは。

「社会に参加するためには、人との輪が必要です」——

ほったらかし、といっても、すべてをほったらかしているわけではないの。社会のルールを破った時は、厳しく注意します。

子育てというのは、子どもを大きくするのではなく、ひとりの社会人にすることだから。

破った時は、叱ったわ。

最低限のルールを守ることで、ほったらかし、という自由が生まれるのよ。**「ウソをつく」「人のものを盗む」「いじめる」**という３つのことを破った時は、叱ったわ。それから**「学校に朝、きちんと行くこと」**というのも守らせたわ。

社会に出ても、集団生活ができるように。

子育ては、子どもを大きくすることじゃないのよ。ひとりの社会人にすることなの。社会人ってなあに？ それは、仕事をして、税金を納めて、社会の一員となることを示します。社会に参加するためには、人との輪が必要です。

トコもコラムニストという、たったひとりでできる仕事ですが。書いた文章を、掲載してくれる、新聞や雑誌がないといけません。そのためには、担当者とのやりとりがひつよう。そして、読者から、おもしろいと思われないと、仕事は続けられません。さらに、決められた日にちの締め切りを守る、ということも、大切。そこで、朝起きて、学校にキチンと行くという時間を守る習慣をつけておきます。

学校は、勉強をするという場所だけではなく、クラスや学校のみんなと、集団生活をすることの練習をする場所なのです。**社会に出ても、集団生活ができるようにトレーニングするのが学校なの。**勉強ができりゃあいいってことじゃないの。

“ウソをつく、盗む、いじめる”

それから、ウソをつく、盗む、いじめる、は、人として、いけないことですよね。ゲームを夜更かしして

していることや、宿題を忘れること、それは、自分が、翌朝起きられなくて困ったり、宿題

忘れて先生から叱られたり、と、自分が困ることです。でも、ウソをつく、盗む、いじめる、は相手のあることなので、徹底的に叱りました。

ウソをつかれると、後でわかった時にいやな気持になります。そのいやな気持を、自分が相手に与えていることをわからせるのよ。**ウソをつく人は、大人になっても、結局ウソをついて、みんなが離れて行きます。**

人から好かれる大人になること、が、一番大切なことだと思います。

＼まとめ／

親に育てられる期間より、
社会人になってからのほうが人生は長いのよ。
学校でいい子でいるより、
社会に出た時に信用されるように育ってほしいわね。

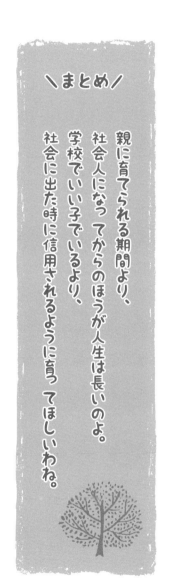

其の十一

男の子はいうことを聞かない生物なのよ。

「のんびり見守ってあげてくださいね」

生まれた時には、何も知らない赤ちゃん。さまざまなことを学んで人間として成長します。しかし、男の子と女の子は違う生物のようです。男の子は男の子の思考回路があるみたい。

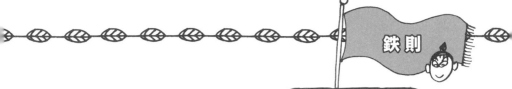

数えきれないほどのルールを教えるって大変！

生まれた時には、赤信号では止まるなんて、誰も知らないわ。そんなルールの一つ一つをママは、生活の中で、一つ一つ成長に応じて教えていかなきゃならないのが、子育て。ルールは、いくつあるかしら？トイレのトレーニングに始まり、顔を洗って歯磨きをする、という身だしなみを教えて。それから、きょろきょろして歩いていたら、危ないことや、食事のマナーなども指導しなきゃならないわ。

もう、数えきれないほどのルールを教えるママって大変。**しかも、男の子は、特に大変。**一度教えたことを、覚えないのよ。すべり台の順番を守りましょう、と教えていても、自分の興味のあることだったら、順番という単語が、頭からポーンと抜けちゃうのね。

「こらっ、順番守りなさいって何度言ったらわかるのっ」と、大声でママは繰り返し叫ばなきゃなりません。そしたら、「叱っている、お前の声が一番うるさい」と、パパから言われて、またカチーン！！

「誰にために叱っていると思っているのよ、あの子がルールを守らないから私は必死に大声で言っているのよ。いつも一緒にいる私の気持ちもわかってよ。仕事仕事って、たまには、あの子の面倒見てくださいっ」それから、夫婦げんかに発展、なんて経験は皆さんあると思うわ。

でも、女の子と違って、男の子は、何度も何度も言わないと学ばない生物のようです。それぞれ、成長のスピードというものも違うでしょうし。

なので、**気長に教えていかなきゃ仕方がないんだ、というあきらめの気持ちを持つと、楽になるわよ。**

あーまた順番守ってないわ、と、一度、二度くらいは見逃しましょう。そのうち、女の子から、「じゅんばん

ぬかしたら、だめ」と叱られたりする方が、いつもガミガミのママの言葉よりも、効くかもよ。

だんだんできるようになってきたなぁ、と、のんびり見守ってあげてくださいね。

そうそう、ものを探せない、のも男の子の特徴です。「緑のくつしたがない」「リュックがない」と出かける直前まで、いつもものを探しています。引き出しを開けたら、目の前に、緑のくつしたが、入っています。

「ここにあるじゃないの」

リビングのソファに、リュックはどーんと置いてあります。一体あの人たちは、どこを探して、ない、と言っているのでしょうか。こまったことだけど、仕方ないのよ。

＼まとめ／

男性と女性の脳では、違うんだモン。女性であるお母さんには理解不可能なのが男の子。宇宙人だと思ってあきらめて。のんびり構えるといいですね。

其の十二

得意なことは、ほめちぎるべし！

「子どもの天職となるかもしれません」

どんな子どもでも、得意なことがあるはずよ。電車の名前を覚えているとか、虫が好きとか。何でもいいのよ、それを見つけたら、思いっきりほめちぎりましょう。ほめちぎっていたら才能が開けるわよ!!

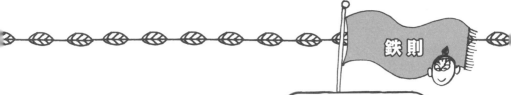

興味を持つこと。これが、学習の基本です。

誰だってそうだけど、ママからほめられるのは子どもにとって、とてつもなくうれしいことなの。トコだって、いまでも、母に「今日の新聞のコラムおもしろかったよ」といわれたら、「あっそー」なんて照れ隠しで、そっけなく答えるけど。ほんとはものすごくうれしいのよ。**いくつになっても、親からほめられるのは幸せな気分です。**なので、子どもが小さいときは特に、せっせと、子どもをほめましょう。「電車の違いがわかるの？すごいね。電車博士だね。ママはどれも同じに見えちゃうなぁ」とか。ほめられたら、もっとほめられたい、と思い、電車のことをもっと知りたいと興味を持ちます。興味を持つこと。これが、学習の基本です。

さらに、叱って育てるより、ほめて育てる方が、子どもにもママにも気持ちがいいわよね。なので、お散歩中に、いつも虫を見つけて観察していたら、気持ち悪いとか、刺されるから近づかないで、とか、眉をひそめたり、しないでね。せっかく興味を持ったのですから。「その虫が好きなの？」「この虫はなあに？」と質問したりしてください。図鑑などで名前を調べ始めたらしめたもの。

それがその後の、自分で考えて学習する、という行動の基礎になりますよ。子ども自身が、興味を示したものを、トコトンつき進めると、それがその子どもの天職となるかもしれません。

ドラえもん博士から、はじまった夢。

トコ家の弟クンは、ドラえもんが大好きでした。コミックスを全巻そろえて、来る日も来る日もドラえもんを読んでいました。我が家のドラえもん博士です。ドラえもんでわからないことがあったら、聞くと喜んで答えてくれます。ドラえもんから、ドラえもんを描いた作者、藤子不二雄先生にも興味が広がり。藤子不二雄A先生の、まんが道、という、まんがを読んで感激したの。トコも子

どもが夢中になっている本やまんが、テレビは一緒に見るようにしていたので、まんが道には、弟クンと同じように、感激したわ。そのことで彼には、「ドラえもんを描くような、まんが家になりたい」と夢ができたのよ。ちょうど、小学校6年生くらいでした。クリスマスには、まんが用のペンとインクとケント紙をリクエストされたのよ。普通なら、「まんが家？無理無理。もっとほかのことをしなさいよ」と否定するかもしれませんが**トコは応援したの。**だって、売れっ子まんが家になったら、1000万部とかコミックスが売れるのよ。「売れっ子になったら別荘とかヨットとかお母さんにも買ってね」と、ニコニコ見守りました。

＼まとめ／

興味を持っていることを「ほめられる」と「うれしい」。
もっとほめてもらおうと、「ますます興味を持つ」。
すると、いつの間にか、得意分野がぐんぐん伸びるのよ。

其の十三

お年玉をためるべからず。

「生きたお店に接することが学習につながりますから」――

子どもにはどんな人になって欲しいですか?
偉い人になってほしい、お金持ちになってほしい。と思いますか。でも偉い人ってどんな人?
お金を儲けるのはいいけど、そのお金で何がしたいの?を考えましょう。

生き生きと暮らしたほうがいい。

まずは、安定した生活を送ってほしい、と思うかもしれませんが。今の世の中、安定した職業なんてありゃあしません。それよりも、やりたいことをして、生き生きと暮らしたほうがいいと思うのよ。それはトコ自身がそうだったので。

お見合いで、立派なおうちの方と結婚し専業主婦。豪華な一戸建てに、外車に乗って。と、周りから見たら、なに不自由ない生活でしたが。トコは、とっても苦しかったの。私は何のために生まれてきたのだろうって。悩んで、ストレスがたまってしまったの。そんな時、文章を書く、という天職にであって、離婚して今に至ります。なので、好きな文章を書いて暮らせるなら、裕福な生活なんてしなくてもできなくてもいいの。家も飛び出したので、いまだに賃貸マンション暮らしですが、楽しく充実した毎日ですわ。

親が考える幸せと、子どもが感じる幸せ。

なので、人のしあわせはそれぞれ。さらに、親が考える幸せと、子どもが感じる幸せは、違います。そこで、

親ができることは、子ども自身が、なにを幸せと思えるか、を発見するお手伝いをすることね。無理に子ども目線に下げなくていいと思うの。

あまり賛成できないのは、キッザニアみたいな、お仕事ごっこをさせるところね、あれで、ピザ屋さんになりたい、なんて思うのはもってのほか。飲食業は、原価計算や人件費、それから、おいしく工夫してお出ししなきゃならない、他店に負けないようなメニューの開発だってあるでしょ。それから、調理器具を洗ったり店内の清掃をしたり。実は、目に見えない部分の仕事のほうが多いし大変なんですよ。

お花屋さんだって、寒いときの水の取り換えお花を店頭に出すまでの作業なんて、力仕事なのよ。花束見て、わぁキレイ、というのと現実は

違うのよね。なので、お花屋さんになりたいのなら、近所のお花屋さんで、ぜひせっせとお花を買ってみてください。一輪だっていいのよ。生きたお店に接することが学習につながりますから。

偉い人というのも、会社で地位が高いとか、社会的に名誉があるとか、そういうことでしょ。そんなことは、あとでついてくるものだから、それを目標にするべからず、だわね。**一生懸命していたら、いつしか周りから尊敬されていた**、なんてのが好ましいわよ。

＼まとめ／

お年玉を「家を建てる時のために貯金する」
という小学生がいました。
それをほほえましいとは思わないわ。
小さいときに、お金を使う練習をしておかないと、
大きなお金は動かせませんよ。

其の十四

子どもの将来を親や先生が決めるべからず。

「時代は本当に変わるし、変わるのが早いわよ」

新しい職業がどんどん生まれるこの頃です。昔は、ＩＴ関係なんてなかったもの。さらに、親の私たちが知らない職業もたくさんあるのよ。

自分の知識なんて、本当に狭いものだわ。自分の知っている世間を子どもに、押し付けるべからず、よ。

生活が様変わりして、知らない仕事がたくさん!

専業主婦だったころ、トコの知っている職業といえば、会社員、公務員、先生、医師、弁護士、自営業、ざっとこんな感じ。

ところが、インターネットが各家庭で使われるようになり、さらに携帯電話が登場して、一人一台なんて時代に。さらにさらに、今では、タブレットも学校で使われるようになり、ほんとに生活が様変わりです。なので、新しい仕事がたくさん生まれています。ネットのサイトを作る人や、アプリを作る人、さらに、就職しなくても、ブログで儲かる人もいるわよね。就職試験を受けて会社に入る、なんて状況が、いつまで続くかしらね。

トコ自身も離婚して、コラムニスト、という仕事をしています。両親は、びっくりです。結婚して専業主婦で、育児をして、というレールをしいた娘が、離婚ですもの。当時は、離婚なんてみっともないって言われたのよ。時代は本当に変わるし、変わるのが早いわよ。さらに、この子をコラムニストにしよう、と思って、子どもを育てる人がいるとは思えません。でも、私は、私のなりたい職業(文章を書いて暮らす)というものを、大人になってからですが。自分で選択できて、とても幸せです。

なりたい職業があるなんて、素晴らしいことだわ！

なので、親であるみなさんにお伝えしたいのは。**子どもの世界を狭くしないでほしい**、ということなの。実は、次男の中学校の最初の3者面談で言われました。生徒が、進路のアンケートを提出していたのですが。その学校は、有名な進学校で。官僚や医者を目指す人が多いの。で、先生が、そのアンケートを示して、言われました。

「お母さん、息子さんは、将来の進路、まんが家、と書いています。さらに、大学へは、進学しない、に丸を付けています。ご家庭で、注意していただけますか」

「はぁ、注意？どういう意味でしょう」おもわず、はぁという言葉がケンカ腰になったわ。

「大学に進学しないというのです。それよりも目標がまんが家って」と、

ウチの子の考えに否定的。

「先生、私は、この子の考えに大賛成です。今、まんがって、日本の文化ですよ。それに、ベストセラーのまんが家になったら、ヨットとか別荘とか買ってもらいますから。私は、中学生の時に、なにも将来なりたいものはなく、結婚してお嫁さん、なんて思わされていたのに。この子は、中学校でなりたい職業があるなんて、素晴らしいことだわ」と、きっぱり申し上げました。

それから、保護者会にはほとんど行っていません。でも結局、そのマンガ家志望の次男は、大学に進学し、演劇サークルに入りました。

＼まとめ／

演劇に出会った次男は、その後、NHKのテレビドラマの脚本を手掛けたり、演出をしたりして。今では、映画監督をしています。まさか、わが子がカントク!?

見守ったおかげで、思わぬ未来が開けました。

其の十五

子育てに手遅れはないのよ。

「自信を持って、中学高校時代とほったらかしました」——

3歳までに、脳の発育が決まる、なんてあるけど、ウソウソ。尾木ママだって、あんなの真っ赤なウソよぉ、とおっしゃっていたわ。いろんな情報に振り回されないようにしましょ。

ニコニコママになってから。

実は、トコは、ガミガミママで、上の子が小学校卒業までは、あれしなさい、これしなさい。忘れ物はないかしら。忘れ物したら、学校まで届けるくらい教育熱心だったの。でも、中学受験後、子どもよりも、自分自身が何かをした方が、楽しいし、やりがいがあるわ、ってことに気がついたの。

それから、勉強しなさい、をいわない。忘れ物はさせる。宿題しなくてもあなたの自由よ、と、ほったらかしたの。

おかげで、今までがみがみ言っていたことから解放されて。ニコニコママになれたわ。そしたら、不思議なことに、勉強しなさいを言わなくなって二年後、次男が、難関中学に合格したのよ。

私はとてつもなく楽チンだったわよ！

トコも本人も記念受験のつもりだったから、その時までの合格したほかの学校に制服の採寸に行ったりして。もちろん合格発表日も、関係ないから、忘れていたら。先生から「おめでとうございます」と電話が来たの。
「え?なんですか?」
「きょう、合格してました」
「へ?」
「受験番号は、○○番ですよね」
「ああ、そうです、その番号でした。
ほ、ほんとですか?合格ですか?あ
りがとうございます」
　で、早速、次男に伝えたら。
「えーまじ?びっくりしたあ」と、
親子でビックリの連発。
　どれくらいミラクルだったかは、
ほかのお母さんが、「何でうちの子が
落ちてあの子が合格なのですか」と、
クレームを付けに行ったくらい、奇
跡なの。

　でも、その学校は、自主性を重ん
じる学校で。ソフトバンクの孫さん
や、ホリエモンとか、多彩な人を輩
出している校風。なので、自分で考

えるトレーニングができていた次男が通ったんだな、と確信したの。

ほったらかしのほうが、男の子は、自分で考え成長するに違いない。

それから、自信を持って、中学高校時代とほったらかしました。私はとてつもなく楽チンだたわよ。

そしたら、二人とも現役で、慶応大学の経済学部に合格しました。中学高校と、塾にも通っていなかったのに、おカネもかからずによかったな、と思ったわよ。

なので、**子育てに、決して、手遅れはないのよ。**今からでも男の子だったら、ほったらかしてみませんか。

＼まとめ／

もしも、ほったらかしが、うまく行かなかったら、
とドキドキするわね。
そんな時は、夫でチャレンジしてみて。
彼らも男の子だから、今からでもOKよん。

其の十六

つい口に出るあのセリフは禁句よぉ！

「家庭でも、〝ゆっくりでいいよ〜〟」

ついつい、

「早くお出かけの準備をしなさい」「早く靴をはきなさい」

「早く車に乗りなさい」。

出かけた先でも「早く食べたいものを決めなさい」

「早く歩きなさい」などなど、なんでそんなに急いでいるの？

園にいる間、みんなそれぞれ好きなことをしていい。

ママの口癖の一つに「早くしなさい」があるわよね。なんでそんなに、急ぐのかしら。ゆっくり待ってあげてもよさそうなのにと、トコは思います。「早くしなさい」とガミガミいわなければならないなら。準備の時間をもっと早くから始めたらいいいんじゃないかしら？

実は、トコ家が通った幼稚園ではクラスは、縦割りなんです。なので、同じチューリップ組には、**年少さん、年中さん、年長さん、がいるんです。なので上下関係も学びます。**

さらに、古くからモンテッソーリという教育方法に取り組んでいました。モンテッソーリはとても独特で。ユニークなのは、園にいる間、みんなそれぞれ好きなことをしていい、ということです。

興味のあることが園児全員、違う。

なので、みんなで一斉に歌を歌ったり、みんなでお絵かきをしたりはしないの。それぞれ、別のことをしています。大きいものから、だんだん小さくなる積み木を、きちんと積み上げたり。お皿からお皿へ、玉を移したり。ユニットと呼ばれる折り紙を作って、まずは、立方体、それから複雑な星のような形に組み合わせたり。一日中絵を描いている子もいます。さらに、外に出たかったら、ひとりだけ園庭に出てもいいの。園長先生は、

「今、興味のあることが園児全員、違うので、それぞれ好きなことをしていいんです。ある時は、一日中、分厚い電話帳を、繰り返しめくっていた子もいました。でも、きっとその子はその時、紙の手ざわりとか、電話帳がパラパラとめくれる様子をみて、何かを感じたんだと思います。

一つ一つの経験を納得するまで体験させることが大切なんです」

そして、この幼稚園の先生全員の口癖は。**「ゆっくりでいいよ〜」**でした。靴をはきかえて、園庭に出

る時も、少々手間取っている子がいても。決して「早くしなさい」といわず。「ゆっくりでいいよ〜」と見守るのです。一つ一つの経験を大切にするためです。おうちでも、そう心がけてください、といわれていたので。家庭でも、「ゆっくりでいいよ〜」と常に声をかけていました。

　そのおかげでしょうか。本当に、長男は、ゆっくりさんで。靴だって、のんびりと履いて、家族が全員、玄関の外で待っていても、マイペースで出て来ます。あまりのノンビリぶりに、幼稚園でのあだ名は「社長」でした。ところが、いまは、本当に社長になっています。

＼まとめ／

「ゆっくりでいいよ」が、大物を育てる魔法の言葉かもよ。
でも、相変わらずゆっくりの長男には、
いつも集合時間を、
彼だけ15分早めに伝えているの（苦笑）

其の十七

「○○しなさい」を言うべからず！

「大人だって、命令されるのは、いやですよね」

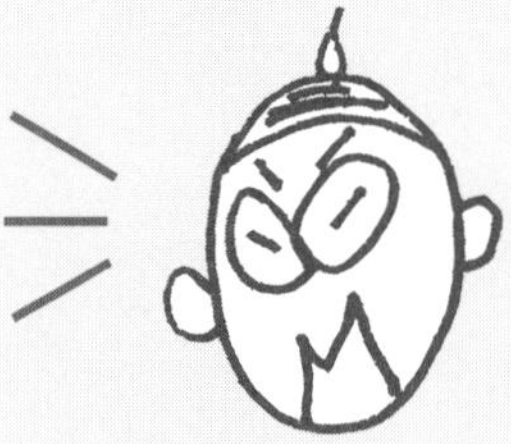

ゲームをやめなさい、宿題しなさい、お風呂に入りなさい、ご飯食べなさい、と毎日、何度も言ってませんか？
言うほうも大変だけど、言われる方はどんな気持ちかしらね。

大切なのは、理由を納得させること。

ママは、いつも、言ってますよね「○○しなさい」と。それは、注意をしているんです、といわれるかもしれないけど。いつもいつも言っているうちに、口調が強くなっていませんか。そうなると、注意ではなく、命令になっちゃうわよ。大人だって、命令されるのは、いやですよね。

もし、私たちが、いまからお皿洗おうと思っていたのに、「いつまでも流しにおいてないで、お皿を洗いなさいよ」なんて義理の母から言われたりしたら、カチンと来ませんか。

「言われなくても、今しようと思っていたんですっ、おかあさま。私には私なりの手順があるんですっ」という言葉を、言い返したくても、ぐっと飲み込みます。

もし口に出したら、「しようと思っていたなら、言われる前にやりなさいよっ」と、義母から言われて、なんだか気まずくなるでしょう。

でも、子どもは、どうでしょう。言葉を飲みこむ、というように、感情をコントロールすることはできません。なので、ママと、言い合いになります。

ママは口を開けば、あれしなさい、これしなさい、ばっかり。ママはいつも命令するばかりの人、というイメージになっちゃいますよ。
さあ、そこで、なぜそんなに命令しちゃうのか、理由を考えてみましょう。**それはすべて子どものためを思って、言っているのです。**

「ゲームをやめなさい」は、「いつまでもゲームに夢中になっていると、眠るのが遅くなるよ。眠るのが遅くなったら、翌朝起きるのがつらいよね」。ここまでを想像して、「ゲームをやめなさい」と言っているのですが、この途中経過の想像を話すことなく、いきなり「やめなさい」じゃあ、子どもには通じません。それどころか、むやみに母親に対する、反抗心が出ちゃいます。

そこで、「○○しなさい」

という命令をやめて、提案口調で話してみませんか。

「ゲームをやめるのはどうかしら？」と問いかけてみるの。「やだ、まだゲームしたいもん」といわれれば、

「でもね、ずっとゲームを続けたら、お風呂に入る時間が遅くなって、それから宿題をしていたら、寝るのが、いつもより、ずっと遅くなるわよ」

「うん、そうだね」

「そしたら、どうなると思う？」

「わかんない」

「明日の朝、眠たくて起きるのがつらくなるのよ。だから、もうそろそろゲームをやめたほうがいいと思うんだけど、どう思う？」

大切なのは、理由を納得させることです。

「キリのいいところで、終わりましょうね」と約束できたらしめたもの。

＼まとめ／

子どもには、「○○しなさい」と命令ではなく、「○○するのはどうかしら？」提案してみましょう。

其の十八

カッカするべからず。疲れるだけよ。

「カッとなりそうなときは、深呼吸して、6秒間待ってみて」

人の怒りは、6秒間しか持続しないんですって。なので、瞬間的に言い返さずに。ちょっと待ちましょう。深呼吸でもしたら、怒りのレベルがグーと下がります。

がんばって、怒ることをやめてみませんか。

怒らないコツは、相手が怒ってたら、やり過ごすこと。こちらも怒って言い返したら、大変なことになりますよ。ケンカは、疲れるだけで得することは少ないわよ。

メールもそうです。イラッとするメールが来たら、カッとして、打ち返さないこと。送信、のボタンを押した瞬間に、「あー、ちょっと待って。言葉が過ぎたかも、送らないでー」と、後悔したことってありませんか。インターネットが始まったころは、よくやりました。なので、ネットの場合は、そーっと薄目で文章を読んだら。（しっかり目を開けて読んだら、こっちもかっとなるので）メールを閉じて、一晩寝ましょう。そして翌朝、再びそのメールを読んでください。すると、不思議と、怒りが収まっています。

「ああ、忙しかったんだろうな。それでこんな厳しい口調になっちゃって。こんなこと書いてたら、嫌われちゃうぞぉ」と相手を気の毒に思う心の余裕すら生まれています。そこで、完結に用件のみ、返信します。「日にち場所、了解」という風にね。もしも一晩寝ても怒りが収まらなかったら、それは怒っていいときです。本気で闘いましょう。たぶん99%ないと思います。今のオシャレな言葉で言うと、アンガーコントロールとでもいうのかしらね。

　お母さん同士でケンカになる時も、やはり、お互いが、一生懸命だから

なのですよね。でも、親が仲たがいしちゃったら、子どもが居心地が悪くなり、転校なんてしなきゃならない場合もあるので、気を付けてくださいね。そういうタレントさんもいましたよね。
　子育てはもちろん大切ですが。**子どもよりも、まず、私。ということを常に、考えて。自分を生きる**、ということを目標にしていたらいいですね。子どもの親、という立場での活動も、そこそこになっちゃうので、幼稚園や学校の保護者とも深くかかわることもなく、結局ケンカにもなりません。
　さらに、怒っているお母さんは、

なぜでしょう、いつも怒っています。いつも怒っていると、子どもも、怒られることになれてしまいます。

「あーまたいつものガミガミかぁ」

しかも、聞かされる周囲に人間は、楽しくありません。ほとんどの人がこう思います。（そこまで叱らなくても…）

そうなんです、叱っているうちにこちらも興奮して、なにに怒っていたかを忘れちゃうこともしばしばでした。なので、がんばって、怒ることをやめてみませんか。**カッとなりそうなときは、深呼吸して、6秒間待ってみて。**不思議なことに、仕方ないわねその程度のことは、とか、あきらめて笑えたりしますよ。

そして、怒らなくなったら。たまに怒った時が、効果がありますよー。

＼まとめ／

コツを覚えて怒らなくなったトコ。

不思議なことにまわりに人が集まるようになりました。

人間関係運もアップしたのね。

其の十九

「ジュースは100%しか飲みません」ってほんとなの？

「添加物や材料などには、気を付けたいところです」

ビックリな申し出をするお母さんがいます。「うちの子は、ジュースは１００％しか飲まないし、スナック菓子は食べさせないので」といわれたの。それは、幼稚園の時に、自宅でのお誕生会に招いた子のママでした。どうしましょう？

郷に入れば郷に従え。

みなさん、こだわりの食生活をしていらっしゃることと思います。もちろん、添加物や材料などには、気を付けたいところです。さらに、アトピーやアレルギーがあるお子さんだったら、特に、気を付けてあげなきゃなりませんが。

その子は、健康で。一人っ子なので、お母さんがべったりで育児をしているご家庭でした。どれくらい熱心かといえば、幼稚園児なのに、掛け算ができる子だったのよっ。

なので、つい、言っちゃったのね。

もちろん、１００％ジュースにこだわるのは素晴らしいことだと思いますが。郷に入れば郷に従え、じゃないかしら。よそのおうちに、おじゃまするのなら、**そのおうちの準備したものを、ありがたく食べるのは、お付き合いのルールじゃないかしら。**と、トコはその時思ったのよ。

子どもを追いこんじゃいけないなぁ。

もし、どうしても、１００％ジュースしか飲ませたくないなら、「うちの子にはこれを飲ませてください」と、水筒でも持参するべきだわね。

でもね、自分の目の届く範囲で、どんなに気を付けていても、これから先のその子の人生すべてに、幼稚園時代のように、くっついて回るわけにはいきませんよね。

なので、**よそのおうちに行ったら、うちとは違う暮らし方があるんだ、ということを、知ることも、とても大切**じゃないかしら。

たまに、違うものを飲んだり食べたりして「やっぱり、おうちで飲む100%ジュースが一番おいしい」と、わかればいいことなんじゃない?

ちなみにその子に「100%ジュー

スはこれだけど？」と飲み物を尋ねたら。首を振って、炭酸飲料を選んだの。そして、誰よりも、ポテトチップスやスナック菓子を、たくさん食べていたわよ。

もちろん、お迎えに来たママにその子は「スナック菓子、食べてないよ」と、報告していました。あっ、ウソ言ってる、と思ったけど、トコも「そうそう、偉かったね」と合わせましたよ。

ウソを言わなきゃならない立場に、子どもを追いこんじゃ、いけないなぁ、とつくづく思ったわ。

＼まとめ／

きびしすぎる制約は、反動がすごい。特に男の子は、おおげさじゃなく、「無事に帰宅したら、ラッキー！」くらいの心構えでね。

其の二十

この言葉を子どもにせっせと言うべし。

「世の中を渡るのに、便利な言葉」

あれしなさい、これしちゃだめ、と叱るばかりで、実はお母さん、子どもに「ありがとう」と「ごめんなさい」を言ってないんじゃないかしら。

ちょっとしたことでも、手伝ってくれたホメましょう。

子どもが遅くなったら、「遅いわ、いつまで待たせるの」と叱るくせに、自分が子どものお迎えに遅れたら「出かける時に、荷物が届いて、それが冷凍食品だったから冷蔵庫に入れようとしたら、冷凍庫がいっぱいでとけたら困るからその整理で、もう大変。忙しかった」と言い訳をしてませんか。冷凍食品が届いたことなんか、子どもには関係ありません。

「ごめんなさいね、待たせちゃって」と素直に、謝りましょう。親だからって、子どもを待たせたときは、謝るべきなのよ。

さらに、ありがとうも、意外と言ってないんじゃないかしら?ちょっとしたことでも、手伝ってくれたら「あら、ありがとう、たたんでくれたの」とお礼を言ってホメましょう。もう一度たたみ直さなきゃならないほどぐちゃぐちゃでも、です。

それを、「あーあ、余計なことして、これじゃもう一回やりなおさなきゃダメじゃない」といったら、もう二度と子どもはしたくなくなっちゃう。せっかく芽生えた。お手伝いの芽を、お母さんが摘み取ってしまっているのよね。なので、**「ごめんなさい」**

と「ありがとう」は、多すぎるくらい口にしましょうね。

ありがとう・ごめんなさい作戦

毎日ご飯を作っているのに、誰も何にも言わずに食べるだけ食べて、味が薄いとか、またおんなじの？とか文句ばかり、なんです。と不満があったら、ぜひ家庭でも、「ありがとう・ごめんなさい作戦」を繰り広げてください。

そしたら、「おいしいね、ありがとう」「作ってくれて、ありがとう」「あら味が薄かった、ごめんなさい」「そんなことないよ、おいしいよ」と、お互いが気持ちよく過ごせるようになります。

この癖は、外に出た時にとても好感度が高いものです。ファミリーレ

ストランでも、お水を持ってきてくれた人に「ありがとう」と自然に言えるようになっています。そうすると、「エビフライのタルタルソース、好物なので大目につけてくれませんか。ここのタルタルおいしいんですもの」と、ちょっと無理なお願いをしても、「いいですよ、タルタルソースがお好きなら、別皿でお持ちしますね」なんて、お得なことも起きちゃうから。もちろん持ってきてくれた時は、にっこりわらって「ありがとう」といいましょう。こういう光景を子供が見ることで、「ありがとう」は、ああ、世の中を渡るのに、便利な言葉なんだな、と、覚えていくのよ。

＼まとめ／

ありがとう、ごめんなさい、は、ラッキーワード。
意識せずにスイスイ言えるようになったら、
世の中を渡るのが楽になり、
大切にされますよ。

其の二十一

いきなり叱るべからず。

「無事に帰宅してきたのだから、よかったよかった」

「どうしていつもそうなのよっ」と、毎日コップを倒してこぼしちゃうお子さんを叱っていませんか。どうしてそうなるのか、を考えてみてはどうかしら。

同じ失敗が続くときは、原因を考える。

いつも同じことで失敗するお子さんがいます。それはどうしてでしょうか。きっと理由があるはずなのよ。トコも、引っ越しをした直後は、毎日、携帯電話を忘れて困りました。どうして忘れるかな、と考えた時に、わかったの。携帯電話の充電場所を。リビングから仕事部屋に変えたので、忘れちゃうんだなぁってことに。理由がわかったら、改善することができますね。

子どもがコップを倒すのも、その子の腕が伸びる通り道にコップが置いてあるからじゃないの？そしたら、コップの場所を腕が当たらない場所に移動して、「ここに置いておくからね」と、変えてみるとか。同じ失敗が続くときは、原因を考えてあげるといいかも。

ウソをつかせないためにも。

さらに、「どうして帰りが遅くなるのっ、何時だと思っているの」と、暗くなって帰ってきた子をいきなり叱ることもあるでしょう。そしたら、**いきなり叱られたら、子どもは怖くて、ウソをつきがちです。**なので、ウソをつかせないためにも、「おかえり、どうしたの？暗くなって帰るなんて」と尋ねてみてください。帰り道に見たことのない工事の車が止まっていて、建設現場に、たくさんのコンクリートを流し込んでて、おもしろくてずっと見ていたのかもしれません。または、変わった虫がいて、捕まえようと夢中になっていたのかもしれません。ちゃんと理由が言えたら、「あら、そう、よかったね、おもしろかったわね。でも、こんなに遅くなったらお母さんは心配するから、気を付けて頂戴ね」と、頭をなでてあげましょう。無事に帰宅してきたのだから、よかったよかった、と言ってあげるのよ。

私たちだって、水を床にこぼすわよね。

さらに、台所が水浸しになっていたら。「びちゃびちゃじゃないの。もうキッチンで勝手なことしないで」と、叱らずに、「どうしたの？お水が床までこぼれているわよ」と、落ち着いて聞いてみましょう。そしたら、「お母さんに、紅茶を入れてあげようと思ったんだけど、ポットにお水を

入れたら、ぴゃあーって跳ね返って、こぼれちゃったの」というかもしれないですよ。私たちだって、水の勢いが強すぎて、容器に跳ね返って水が床にこぼれることあるわよね。しかも、お母さんに紅茶を入れようとしてくれていたなんて、感激だわよ。

もし、いきなり怒っていたら、その子の優しい気持ちにお母さんは気づかないままだったわよ。「あら、そうだったの、ありがとう。お母さんとっても、うれしいわ。じゃあ、いまから、一緒に紅茶を入れてケーキも食べちゃおうか」とステキなおやつの時間になりました。

＼まとめ／

子どもの好奇心はいろいろです。目的に集中するあまり、途中に失敗が起きちゃうわね。でも、きちんと説明ができたら叱られないということがわかると、説明する能力も育つわね。

其の二十二

ゲームはトコトンさせるべし。

「長期休暇中に、ゲームをトコトンさせました」

ゲームは、週末に1時間だけ、とか、毎日30分まで、なんて決めていませんか？

そして、決まった時間が来ると、「もう30分経ったわよっ、今すぐゲームをやめなさい」と、言うのは、いい方法じゃないわ。

好きなことならトコトンさせてみる。

トコは、ゲームはしないんだけど、見ていたら、大人でもやめられないくらい面白いみたいね。読書だって、「ちょうど盛り上がってきたから、もうちょっと読みたい」なんてことがあるわよね。約束した時間が来たから、きっちりやめる、なんてことは、無理なのかも。トコが一時期はまった、韓流ドラマも、気になるシーンで終わるので、あと一話見たい、もう一話の半分だけ、と、ついつい、続きを見たくなって夜更かしちゃうでしょ。理性のある大人だってそうなんだから、子どもは、しかたないわよ。

なのでゲームも「約束してたでしょ、はい30分」と都合よくやめられるわけないと思うの。息子たちに聞いたら、ゲームには、ちょうどキリのいい場所があるらしいの。でも、そこまで行くのに、どれくらい時間がかかるかわからないし。途中でやめたら、今までしてきたことが、経験値って言うのかしら、それが、セーブできなかったりして無駄になるらしいの。なので、親がブチ切れてコンセント引っこ抜くなんて、もってのほからしいわよ。あ、今は、携帯やDSのゲームだから、コンセントは関係ないわね（笑）。

で、トコは、息子たちには、長期休暇中に、ゲームをトコトンさせました。やめなさいとか、もう寝なさい、なんて言わすに、体力の続く限りさせせました。もう、いやだって位したのでしょう。ある時から、そんなにゲームはしなくなったのよ。もちろん、新作が出たら、ときどきはしていますが。ケーキが好きだけど、カロリーが気になるから、少しだけ、なんて我慢していたら、いつもいつも食べたいでしょ。だから、満腹になるほど食べるの。ご飯の代わりに、ケーキ食べるの。そしたら、しばらく、ケーキなんて見たくなくなるから。過激かもしれないけど、**好きなことならトコトンさせてみる。そしたら、次の風景が見えてくるはず、って思うの。**

そうそう、一日30分と決めていた

ら、それを子ども自身にやりくりさせるという手もあるわ。今日はガマンするから、明日は、30分＋30分で、1時間いいでしょ？とか、週末だけ、と決めているなら、今週はしないから、来週は2時間ね。などと、時間を貯蓄して使う、なんてこともおもしろい取り組みかも。

もしも、決まった時間にやめられないなら、「じゃあ、今からは、明日の分のゲーム時間を使うってことでいいのね？」と話しましょう。「よっしゃあ、セーブできた。明日の分を10分使ったよ」「わかったわ。じゃあ明日は20分ね」と、時間ノートを付けるのもいいかも。

＼まとめ／

自分が納得するまでゲームをしたら、卒業も早いようです。
さらに、時間は永遠じゃないのよね。
時間のやりくりを学ぶことは大人になって役立つわよ。

其の二十三

お皿が割れたら ラッキーと思うべし。

「みんなで喜んで、味わったら、また頑張ると思うのよね」

いいことさがしをしましょう。同じことでも叱られるよりほめられたら、うれしいものです。よかったと思うことで前進できます。

どんなことでも、ポジティブシンキング。

もしも自転車でこけて、ズボンが破れて帰ってきても。
「どうしたの、危ないじゃない。ぼんやりしているんだから」と叱らずに。
「あらまー、コケたの。あの坂道でス

ピートが出過ぎたのね。でも、よかったよかった。もしも、**ここで転倒しなかったら、もっとひどい事故にあったかもしれないわよ。これから、あの坂道は気を付けてね**」とホメながら注意することができます。

同じように、子どもが、お皿を割っても、

「何やってんのっ、気をつけなさい」

と叱るよりも。

「大丈夫？ケガしなかった？」

とまず声をかけましょう。一生懸命片づけを手伝おうと、お皿を運んでいたのなら、なおさらですよ。

「いいのいいの、お皿は、割れるものなのよ。それよりもケガしなかったからよかったぁ。それに、お皿が割れたら、また新しいのが買えるってことよっ」と、**いつでもどんなことでも、ポジティブシンキング。**お母さんがこういう考え方をしていたら、子どもたちも、みんなそうなります。

のんき過ぎる、なんて言われそうだけど。しかめっ面しながら生活するより、楽しく明るく暮らしたほうがいいでしょ。

テストの点数も、悪くても「よかっ

たねー、こんな点数、思い出になるわよ」とホメたり。

本当によかったら、「わ、よかったねー、天才じゃないの、満点なんて。今日の夕食は、テスト100点パーティーにしましょう」と、普通の夕食ですが、ワイングラスに入れたお茶で乾杯します。**「では、テストの100点を祝して、カンパーイ」** グラスを、チーンとならしあうと、喜びもひとしお。「毎晩、満点パーティーしたいねー」と思わせるのよ。いつもじゃないことができた喜び、を、みんなで喜んで、味わったら、また頑張ると思うのよね。

ポジティブシンキングは大人になっても。

トコは大人になっても、その考え方で、気楽に生きています。うっかり車をぶつけた時も。「あー、車のへこみだけですんでよかった。

ちょっと、イライラしていたから、運転に気を付けなさいって、神様が教えてくれたのかもね」という風に、よかったことにしてしまいます。

おかげで、安全運転。ゴールド免許更新中ですよ。

＼まとめ／

長男は小学校入学してすぐに、手ぶらで帰ってきました。

「あれ、ランドセルは？」

上級生のママから「バス停で拾ってます」と電話が。

「なかなかやるねっ」と大笑い。

叱らなかったことで楽しい思い出になってます。

トコ&長男

対談 あのとき、実はどう思ってた？

私にもあったの…。ガミガミ時代！

現在31歳のご長男・秀幸さんが、小学校6年生までのトコさんは「ガミガミ時代」でした。２歳年下の二男・大悟さんに比べると、「ガミガミトコさん」の影響を数倍受けたと話されます。本誌に登場する数々のエピソードの体現者として、その時、実はどう思っていたのかを、証言してもらいましょう！

中学から勉強しろと言わなくなって、部屋から勉強机がなくなった（笑）。
なんであんなに怒っていたのか、今となってはわかんない。

トコ　今までで一番怒られた記憶って、何？

秀幸　やっぱりあのカップ焼きそば事件（本誌P114）かな。未だに湯きりをするカップ焼きそばは恐くて食べられない。トラウマだね。

トコ　やっぱり。私もなんであんなに怒ったのか、今となってはわかんないもん。不思議なくらい怒ったよね。

秀幸　小6までは、毎日朝から晩まで怒られてた。宿題しろとかご飯食べろとか。怒られる以外に普通に会話した記憶がないくらい。話しても怒られるだけだから、自然と話さなくなって内にこもるようになった。

トコ　ある時突然、気付いたの。キーキー怒っても、私のこと嫌いになるだけだって。この子のためだとか思ってたのも結局は自己満足。私の人生とこの子の人生は別なんだから、もう言うのはやめようって思った。

秀幸　中学から、全く怒られなくなったよね。勉強しろとも言わなくなって、部屋から勉強机がなくなったくらい（笑）。

トコ　長男のときは、小学生から無理やり塾に通わせて、行きたくないって言っても何言ってんの！って毎日送り迎えもして。必死だったんだけど、次男のときはガミガミを卒業した後だったんで、何にも言わずに行きたければ行けば？っていうスタンスだったのね。そうしたら、無理やり行かせた長男が落ちた進学校に、次男のほうが通っちゃって。

秀幸　だって塾にはほんとに行くだけで、全然勉強しなかったもん。ストレスだったんだよね。なんであんなに必死だったの？

トコ　専業主婦って、褒められることが少ないでしょ？あそこの坊ちゃんは○○校に通ったんですって、って言われるのが唯一

の勲章だと思ってたの。すごいわね～って息子の学校を褒められるのが自分の評価なのかと勘違いしてた。

秀幸　俺は今でも一番感謝してるのは、中学以来一度も『勉強しなさい』って言われなかったことだよ。おかげで自分のタイミングでいろんなことを楽しめたし、人生のために勉強する決断もできた。

トコ　勉強って、高3の夏休みからしかしてないじゃない！（本誌P42）

秀幸　やっぱりいろんなことを考えると、大学に行きたいなぁと思って。

トコ　学校の先生には、『受験よりまず卒業することです』って言われたのよ。だから、『勉強してないのは自分のせいなんだから、どうぞ留年させてください』って私は言ったの。

秀幸　そうなの!?

トコ　しょうがないじゃない、自分の責任は自分で取らなきゃ。そういえば、家庭科の授業で雑巾を縫ってくるってのもやってこないって学校から言ってきたこともあったわね。お母さん、言い聞かせてくださいって言うから、それはお母さんの仕事じゃないと。知りませんと（笑）。

秀幸　おかげで誰に頼ることもなく、自分で必死に勉強しようと思ったよ。もう時間がないから英語と数学の2教科に絞って、2科目だけで受験できるところを狙った。それまで全然勉強してなかったから、ぐんぐん頭に入ってくるんだよね。

トコ　スカスカの頭はいっぱい吸収するの

ね（笑）結果的には早稲田も慶応も受かったから良かった。

ところで、私の影響で何か良かったこととか悪かったこととかある？

秀幸　正直、この本読んで思ったけど、スマップ事件（本誌P140）も焦げた魚の話（本誌P144）も覚えてないんだよね。子どもは意外と覚えてないのかも。

トコ　ショックを受けたのはこっちだけなのか〜。

秀幸　逆に、ここには書いてなかったけど、お母さんは陰でいろんな努力をしてるけど、それを僕らには見せないな、とはいつも思ってた。やってることを誇示しないというか。そして、『なんとかなるわ』っていう楽観的思考は確実に母親譲りだと思うね。

トコ　ほったらかし育児ではあるものの、無上の愛情は注いできたつもり。私、他の人には嫌だけど子どもたちにならば自分の寿命を譲れるもん。

秀幸　それは節々からいつも感じるよ。

トコ　だからといって母親として子どもの上に君臨するんじゃなくて、人と人として付き合って行こうと思うの。特に大人になってからの親子関係が良好だよね。

秀幸　よく飲みにも行くし、旅行にも一緒に行くしね。

トコ　大人になってからのほうが人生長いんだから、早いうちに自分の過ちに気付いて、この関係が築けてよかったなと思うよ。

ママの心得

其の二十四

テストの点が上がるお母さんの習慣。

「ガミガミママをやめた時から、本を読み始めたの」——

どういうことでしょう。実は「勉強しなさい」と口うるさく言うよりも、お母さんが熱心に読書をする姿を見せることこそが、子どもの成績アップにつながるのよ。

自分の足で登っていく登山に似ていますよね。

東京大学に合格するご家庭には、400冊程度は本があるそうよ。それは、家庭の知力は本の冊数に比例するということらしいです。そんな数の本、もちろんうちにはなかったわ。でも、トコは、バス通学だったため、行き帰りで本を読む習慣がつきました。いつも学校の図書室で借りていたわ。そして、一冊の本から、新しい世界を教えられました。なので、読書は大好き。

読書は登山に似ています。一文字一文字、読み進めて、ページをめくる。そして最後のページにたどりついたときに、その本の内容への感動はもちろんだけど、達成感があります。特に分厚い本を読み終えたときなど、やり遂げたわ、と思うの。一歩一歩自分の足で登るしか頂上に到達する手段はありませんよね。

子育て中は、ゆっくり読書なんてできませんでしたが。ガミガミママをやめた時から、心に余裕ができて、本を読み始めたの。ニコニコママは、図書館に通いました。一度に10冊借りられるので、いろんな本を借りて、またすぐに新しい本を借りに行ったわ。久しぶりに読む本の面白かったことといったら。「おなかすいた、ご飯は？」と子供が帰ってきた時も、本に夢中になっていて、「えっ、そんな時間だったの、ごめんごめん」大急ぎで本を閉じて、チャーハン作って食べさせたりしたわ。

で、なぜお母さんが読書をしたら、テストの点が上がるか、という理由ですが。**お母さんが読書をしていたら、子どもが本に興味を持って読み始めるんです。**すると自然に、国語の力がつきます。国語力は、すべての教科の基本なのよ。いくら計算が得意でも、文章題の意味がわからなければ、解くことはできません。社会だって、理科だって、同じだわよ。教科書の文章

をよりよく理解できたら、テストの点は、グーンとアップするのよ。

映画や、テレビは、じっと座っていたら、情報が入ってくるけど、忘れるのも早いわ。読書のように、自分が努力して得た情報は、なかなか忘れないものなのよ。

トコの両親は、本が好きでした。なので、毎週、本屋さんが本を配達してきてたわ。昔はコンビニとかなかったから、ね。なので、その本屋さんで本を買ったら、ツケで持って帰れていたのよ。

それを真似して、トコは、息子と本屋に行ったら、無条件にすべて、買い与えます。**一冊の本から新しい世界がひとつひらける**なら、本代なんて安いものです。

\まとめ/

図書館のエッセイの棚を読破した時、「私はこの人より上手に書ける」となぜか思ったの。
そしてコラムニストを目指しました。
私の人生も読書で変わりましたね。

其の二十五

お母さんが子どもの世界一の応援団。

「まんが家を夢見るのは回り道ではなかった」――

どんなことが起きても、お母さんは、子どもにとっては、ただ一人の大切な人、特に男の子は、お母さんにホメられるのは世界で一番うれしいことなのよ。

なので、お母さんはいつも絶対に応援団でいたいわ。

先生から「言い聞かせて変えてください」

前にも書いたけど。中学校の面談で「なりたいものに、まんが家と書いています。言い聞かせて変えてください」と、先生から指摘されたときに、「ほんとだわ、あなたなんてことを書くの、まんが家なんて、絶対だめ、もうマンガを読むのを禁止」と、言うママもいるかもしれませんが。

先生に「私は、まんが家、大賛成です」と反論しました。それから、がんばれがんばれ、と応援していたら。東京に家族で行ったとき、自由時間で、「ぼく行ってくる」と一人で出かけたの。「地理のわからない東京なのに大丈夫かしら」と心配しましたが。実は、ひとりで、神田にある出版社のマンガ編集部に原稿の持ち込みをしていたんです。毎週買うマンガ週刊誌の、持ち込み大歓迎、とかいてある連絡先に自分で電話をしてアポをとったらしいの。すごいすごい。

自分で電話してアポをとって…それがすごいよ。

トコは、子どもの絶対応援団です。

子どもの頃、ひとりで何もできなかったトコは、我が子

が、同じくらいの年齢で、自分で考えて行動にまでうつしたことに、大拍手をしました。

でも、しょんぼりして帰ってきました。事情を聴くと。描いていったまんがの原稿なんて、読みもせずにチラッと開いただけで「無理」と言われたそうです。でも、がんばったね、と、お土産にクリアファイルをくれたって。でも、トコは、ここでも、よかったね作戦です。

「よかったねぇ、無理って言われて。だって相手はプロでしょ。その人が、まんがが家に向いてない、って判断してくれたんだから、その道はあきらめることができるじゃないの。無駄に年月を費やしてから無理って言われるより、よかったじゃない。ひとりでアポとって行って、それがすごいよ」と、ほめました。だって本当にそう思ったんですもの。

自分で夢を見て、自分で夢の限界を知る。

それから、まんが家の夢をあきらめて、ぼんやりしていました。が、周りの友達が、みんな大学受験するので、大学に行く気になったようです。もしも、私が、「まんが家なんてやめて、大学に行って、いいとこに就職しなきゃ」と、ワーワー叱っていたら、どうなっていたでしょう。ボクのしたいことをさせてもらえずに、とずっと本人は後悔して、お母さんのことを恨んだりしていたかも。
　でも、自分で、夢を見て、自分で夢の限界を本職の人から知らされ、とりあえず、今できる一番のことは、勉強を続けることだ、と決心して、大学受験をすることにしたのですから。まんが家を夢見るのは回り道ではなかったと思います。

＼まとめ／

知人の子が、一流商社に就職したの。
彼の夢は役者だったけど、ママが厳しくてあきらめたのよ。
就職して5年。
「もういいよねママ」と辞職して、役者の道へ。
「こんなことなら若いときにやらせておけば」
とママは寝込んじゃったのよ。

其の二十六

ガミガミ失敗談。「カップ焼きそば事件」

「今となっては笑い話ですが、当時はほんとに怖かったみたい」ー

スーパーなどで、耳をふさぎたくなるほど子どもを叱っているママがいますね。トコもガミガミママ時代はそうでした。

「あれ以来、お湯を捨てるタイプのカップ麺がトラウマ」

今までに、一番怒った「カップ焼きそば事件」というのがあります。実は、兄弟で昔話をする時に、「あの時のカーちゃんは怖かった」と笑っているらしいんだけど。

私も、どうしてあんなに怒ったかが、不明です。でもきっと色々たまっていたのでしょうね。

お昼に。長男がカップ焼きそばを食べたいといい、買ってきて作りました。フタをして、お湯を捨てるタイプなんだけど。彼にとっては、初めてのカップ焼きそばだったの。で、

心配していた通り、カップのふたが外れて、お湯と一緒に麺がざざーと流れていきました。ニコニコママだったら、あらあら仕方ないわね、今度は成功しようね、と慰めてあげられるのでしょうが。**ガミガミママだったので、さあ大変!!**

「だいたい、なんでフタをきちんとしてないの。ゆっくりお湯を捨ててくださいって書いてあるでしょうがっ」に始まり、気がついたら延々2時間くらい怒鳴り散らしていました。自分でも、**一体何に腹が立っているのか、途中からわからなくなってしまったのよ。**

「あの時のカップ焼きそばのことで、

兄弟で盛り上がっているの？」

「いや、カーちゃん、スパ王だよ」

「エー、そうだったっけ？」

「あれ以来、ぼくはトラウマで、いまだにお湯を捨てるタイプのカップ麺は作ることができないんだよ」

「わはは、でも、同じように叱られた人がたくさんいたんだろうね。いまでは、お湯を捨てる時に麺をこぼさないように、穴あきフィルムが、カップに装着してあるからね」

「ぼくはその時、ケンちゃんラーメン食べてたんだよ」と弟クンも。今となっては笑い話ですが、当時はほんとに怖かったみたい。

ほめてやれる心の余裕がなかった…

そうそう、ほかにも小さなことに、いちいち激怒していました。単三電池がなくなったから、買いに行く、というので、おカネを渡したら。コンビニで電池を買ってきたのよ。「何で、スーパーで買わないのっ、コンビニは高いでしょうがっ」と、さんざん叱りました。今ではコンビニもスーパーも価格は変わりませんけど、当時は、コンビニは高かったのよ。と言っても数十円だけどね。

お使いに行って、間違いなく電池を買ってきたことをほめてやれる、心の余裕がなかったのよね。

＼まとめ／

「前の席を蹴らない」「ちゃんと座って」「大きい声で騒がないで」と機内で叱っていたママに「お前が一番ウルサイ!!」と夫が一言。みんな同じ道を通るのよね。

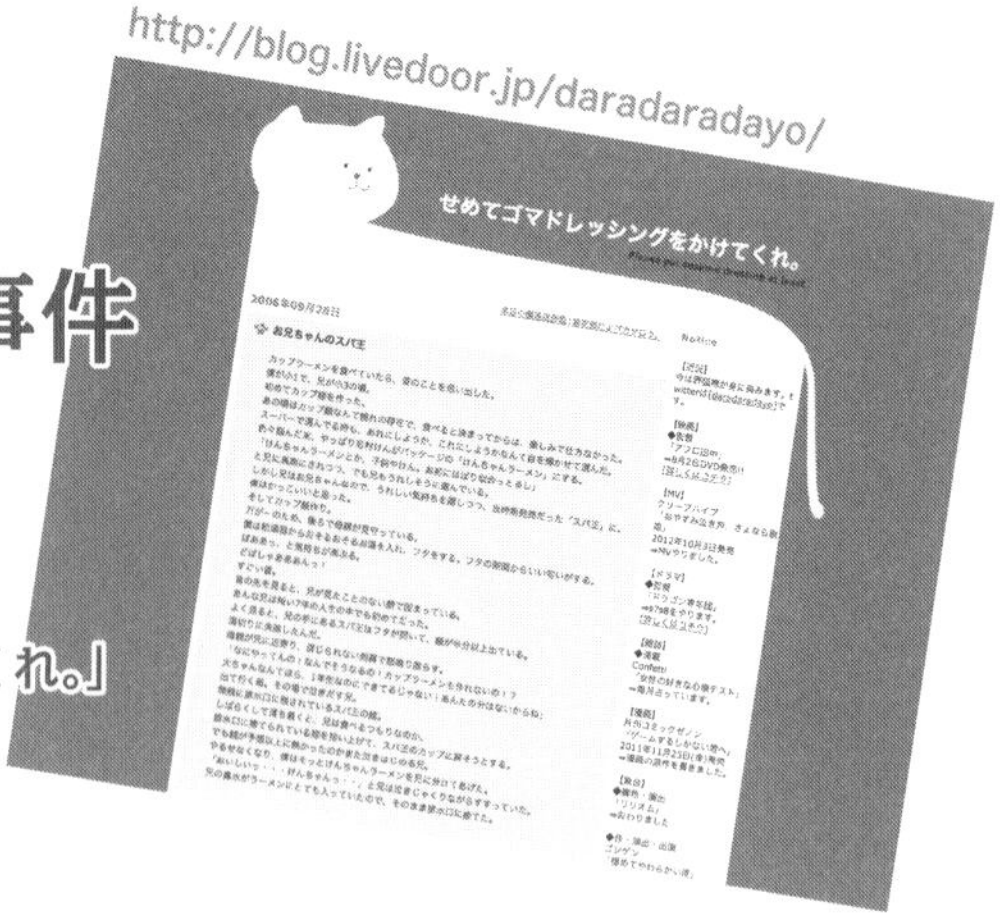

カップ焼きそば事件の真相！？

次男・松居大悟のブログ
「せめてゴマドレッシングをかけてくれ。」
より抜粋

お兄ちゃんのスパ王

カップラーメンを食べていたら、昔のことを思い出した。

僕が小1で、兄が小3の頃。

初めてカップ麺を作った。

あの頃はカップ麺なんて憧れの存在で、食べると決まってからは、楽しみで仕方なかった。

スーパーで選んでる時も、あれにしようか、これにしようかなんて目を輝かせて選んだ。

色々悩んだ末、やっぱり志村けんがパッケージの「けんちゃんラーメン」にする。

「けんちゃんラーメンとか、子供やけん。お前にはばり似合っとるし」

と兄に馬鹿にされつつ、でも兄もうれしそうに選んでいる。

しかし兄はお兄ちゃんなので、うれしい気持ちを隠しつつ、当時新発売だった「スパ王」に。

僕はかっこいいと思った。

そしてカップ麺作り。

万が一のため、後ろで母親が見守っている。

僕は給湯器からおそるおそるお湯を入れ、フタをする。フタの隙間からいい匂いがする。

ぱああっ、と気持ちが高ぶる。

どばしゃあああんっ！

すごい音。

音の先を見ると、兄が見たことのない顔で固まっている。

あんな兄は短い7年の人生の中でも初めてだった。

よく見ると、兄の手にあるスパ王はフタが開いて、麺が半分以上出ている。

湯切りに失敗したんだ。

母親が兄に近寄り、信じられない剣幕で怒鳴り散らす。

「なにやってんの！なんでそうなるの！カップラーメンも作れないの！？

大ちゃんなんてほら、1年生なのにできてるじゃない！あんたの分はないからね」

出て行く母。その場で泣きだす兄。

無残に排水口に残されているスパ王の麺。

しばらくして落ち着くと、兄は食べるつもりなのか、
排水口に捨てられている麺を拾い上げて、スパ王のカップに戻そうとする。

でも麺が予想以上に熱かったのかまた泣きはじめる兄。

やるせなくなり、僕はそっとけんちゃんラーメンを兄に分けてあげた。

「おいしいっ・・・けんちゃんっ・・」と兄は泣きじゃくりながらすすっていた。

兄の鼻水がラーメンにとても入っていたので、そのまま排水口に捨てた。

ガミガミ事件後日談。セリフで伝えるなっ。

一緒に生きてきて、同じことを体験してきたつもりだが。いろんな出来事に対して、それぞれ微妙に違う思い出になっているのにびっくりよ。ガミガミ失敗談もそう。カップ焼きそば事件は、弟のブログによると、私は怒鳴り散らしてすぐにキッチンを出て行っているらしい。兄はこのトラウマで、湯きりタイプのカップ麺を食べられなくなって、申しわけないわ。すまんすまん。でも、二人とも電池事件は覚えてないって。よかった。トラウマで電池買えなくなっていたら、生活に支障出るもんね。

さらに最近、親としてあるまじき事実も判明。次男の大好物と思っていたメロンですが。

「俺はメロンなんて、好きじゃないんだよ」という舞台のセリフ（次男の書いた脚本）で、あれれ？と思い尋ねた。

「もしかして？メロンって？」

「ああ、実際、僕はメロン好物じゃないから」と告白された。

わちゃー、30年近くずっと彼の好物を誤解してたよ。まだいろいろ親子間で、語り合いは必要ですね。

其の二十七

マンガを親子で読むべし。

「子どもが夢中になっているものを、一緒に楽しむ」

ゲームを悪いことのように、まんがを低俗なもののように言う人がいますが。トコは、誇るべき日本の文化なのだから、大切にしたいと思うのよ。世界中で人気があるということはそこに何かがあるはずです。

好きなことなら継続する根性。

ゲームは、トコはしませんが、子どもたちは大好き。

で、ガミガミママだったころは、いつまでしてるの、やめなさい、と叱ってばかりいましたが。ニコニコママになってから、そうか、思いっきりさせてみたらどうだろう、と思いました。で、夏休みなど、ほったらかして、させていたら。朝起きてきたら、まだしていました。フラフラになりながら、徹夜していました。そんなに夢中になれるって、すごいなぁ。好きなことなら、継続する根性があるじゃない。

ほったらかしだったから?

私も、徹夜で読む本ってあるわよね。それと同じくらい体力使っているわ。そんなほったらかしだったので、彼らの年齢もあるのでしょうが、徹底的にゲームをしたので、あきたのかもです。いつしか、自然とゲームをしなくなりました。今では、時々、新しいソフトが出た時に、徹夜したー、なんて塩梅ですよ。

息子二人と一緒に、少年ジャンプを読む。

さらにマンガですが。トコも、マンガが大好き、ということもあって。マンガに目くじらを立てることはありません。子どもの頃は、りぼん、と、週刊マーガレットをかかさず読んでいたのよ。

で、息子二人と一緒に、少年ジャンプを読んでいたのですが。毎週トコが買ってきて、最初に読んでいたのよ。それから、息子たちにジャンプを回します。でも、**同じマンガを読んでいたら、共通の話題も増えますね。**先に読んでいるので、「今週のワンピースは、なんとチョッパーがさ」と話すと「やめてー、言わないでー」と耳をふさいで、部屋に駆け込んだり、おもしろかったわ。ちょうど、スラムダンクも連載されており。毎週読むし、単行本も買うし。私も夢中になりました。と

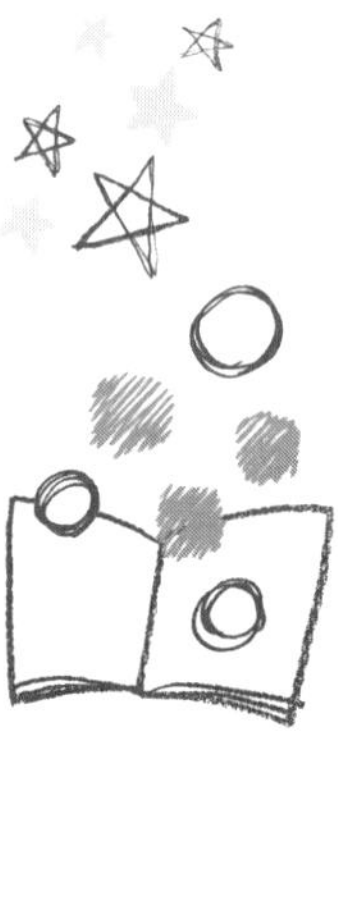

きどき、「あきらめたらそこで試合終了です」と、安西先生の名セリフを使って、言い聞かせたりしたわ。「おっ、安西先生！」と、息子も、素直に納得するのよ。で、トコはスラムダンクでは「流川君が好き」と話していたら。流川君のキーホルダーを買ってきてくれたこともありました。「わあ、ありがとう、るっくんだぁ」と大喜びしたわ。**子どもが夢中になっているものを、一緒に楽しむ**、と、楽しさが倍になるわね。

＼まとめ／

スラムダンクに夢中になって、
作者の井上雄彦先生の作品を次々に読み。
「バガボンド」に感動して、
上野の美術館の先生の展覧会に足を運んだり、
「リアル」では車いすバスケを応援に行ったり。
トコの興味もどんどん広がったわ。

其の二十八

「トラブル回避方法を決めておくと、子育ても、楽になるわね」ー

トコ家ルール その1 ケンカをふせぐ魔法の言葉。

二歳違いの男の子二人。幼稚園から小学校時代は、毎日毎日ケンカばかり。そこで、理由のないケンカには、トコは特別ルールを考えました。

「だって遊びたくないもん！」

「わーん、おにいちゃんがー」といつも下の子が大泣きして駆け込んできます。「どうしたの？」と聞いても、泣くばかりで要領を得ません。で、上の子に尋ねたら、「こいつが遊ばんっていうけん」と怒ってまだ「なんでや、遊べって言いよろうが」と語気を荒げます。「だって遊びたくないもん」とまた、下の子は泣き叫びます。こんなことが毎日、それもたびたびなのです。

で、下の子に「何でおにいちゃんと遊ばないの？」理由を聞いたら「とにかく遊びたくない」と言い張ります。

無駄な争いを避けるために、トコ家特別ルールを決めました。

そうか、**私たちだって、出かけたくないときや、人に会いたくないときがあるわよね。**

そんな時、相手から「なぜ、参加できないの？」と聞かれても、理由はわかりません。まあ、大人なので、適当に「頭が重いの」とか言い訳はしますけどね。

だから、本能的にお兄ちゃんと遊びたくないんだろうな、とわかりました。それを、**泣いて抵抗することしか子どもはできないのね。**特に、我が家は、兄の権力が絶対でしたから。そこで、この無駄な争いを避けるために、トコ家特別ルールを決めました。二人を呼んで発表したのよ。

「これからは、遊びたくないときに遊ぼうって誘われても、断れる言葉を発表します」下の子は、目を輝かせて乗り出してきました。

「その言葉は、『イヤだからイヤ』です。これを言ったら、それ以上は無理強いしないこと。わかった？おにいちゃんが遊ぼうって言ってきても、『イヤだからイヤ』と答えれば、おにいちゃんもあきらめること。もちろん、おにいちゃんも気がのらないときは『イヤだからイヤ』を使っていいのよ。わかりましたか？」大きくうなずく、弟クン。「ふーん、わかった」と長男が。そしてしばらくして、子ども部屋から、「イヤだからイヤです」と弟クンの大きな声が聞こえてきました。たまに、「イヤだからイ

ヤって言ってるのに、おにいちゃんが、それでも遊べって、ボクをたたいた」と泣いて駆け込んでくることもありましたが。
「お兄ちゃん、イヤだからイヤって言われたときは、とにかくイヤなんだから、あきらめなさい」と、私からおにいちゃんはこっぴどく叱られます。そんなこともあり、この件に関しての兄弟ケンカは、かなり落ち着きました。

我が家でしか通用しないルールだけど、こうやって、いろんな場合に対して、トラブル回避方法を決めておくと、子育ても、楽になるわね。

＼まとめ／

怒りの感情は、強い人から弱い人へと流れます。
特に男の子が幼いときはそれが激しく見られるわ。
なので、弱い者いじめは、なんとしてでもやめさせるべし。

其の二十九

トコ家ルール その2 ケンカをやめさせる魔法の言葉。

「家庭内のレフェリーはお母さんですから」――

やはり、男の子ですから、兄弟ケンカはたえません。エスカレートすると母子ともぐったり。どうしたらいいのかしら。

魔法の言葉のような、特別ルールを作ってはいかが。

「えーん、おにいちゃんが」といつものように下の子が、泣き叫んでやってきます。そしたらそれを追いかけてきて「バーカ。バーカ」とののしるのよ。

そこで、トコは、こういいました。「バカと言った方が、ほんとのバカだからねっ！」それを聞いたお兄ちゃんは、ビクッとしました。で、トコは、これが魔法の言葉になるかも、と思ったのよ。

いつもケンカの最後には「バーカ」と、ひどい口調で言うんですもの。なので、やられっぱなしの弟クンにこの言葉を授けました。「今度バカといわれたら『バカと言った方が、バカだよ』と言い返しなさい」何度もうなずく、弟くん。

で、またまたその夜もケンカで、おにいちゃんの「バーカ」という声が聞こえます。でも、弟クン、泣きながらガンバって言いました。

「バカって言った方がバカだモン」するど、ちょっと静かになりました。で、おにいちゃん、

「バカって言った方がバカ、って言った方がバカだぜ」

そしたら弟クン

「バカって言った方がバカ、って言った方がバカって言った方がバーカ」と言い返し、

さらに、おにいちゃんが

「バカって言った方がバカ、って言った方がバカって言った方がバーカって言った方がバーカ」

と続けて、今度は弟クンが、

「バカって言った方がバカって言っ

た方がバカって言った方が……」

と言いながら、ついには、二人で笑い出してました。廊下で聞いていたトコは、安心しました。

「バカ」といわれたら「バカと言った方がバカ」と返す。

この言葉も結局、トコ家に定着し。トコ家ルールの一つになりました。

いまでも、次男は、長男から「バーカ」といわれたら、「バカと言った方がバカだもんねっ」と言い返してますよ。

幼いときは、理由がわからずケンカをするものです。もちろんケンカをすることも大切ですが。あまりに理不尽な時は、こうやって、魔法の言葉のような、特別ルールを作るのはどうでしょう。家庭内のレフェリーはお母さんですから。お母さんが独自に決めたらいいと思いますよ。

　そうそう、家庭内の言葉といえば。トコ家では、ナポリタンスパゲティのことを「ゲチャスパ」と呼ぶの。ケチャップで、ぐちゃぐちゃ炒めるからかしら。でも子どもたちの好物なので、いまでも、里帰りしてきた時に「何食べたい？」と聞くと「ゲチャスパ」と子どもたちが答えます。うれしいわ、張り切って作らなきゃ。

よそでは通じない単語だけど、これも家庭の思い出の一つよね。

＼まとめ／

スポーツでルールが違うように、それぞれの家庭で決まりをつくると面白いわね。「〇〇家あるある」は、家族の一体感が増し、共通の話題にもなりますね。

其の三十

トコ家ルール その3
何でもパーティーにしちゃう。

「トコ家では、〝サバの塩焼きパーティ〟だってあるのよ」——

毎日の生活は、お決まりのことの繰り返し。あーあ、疲れた、なんて思いがち。そこで、日常生活を簡単に盛り上げる方法があるのよ。

いつものメニューに「パーティー」と付け足す。

朝起きて、朝ごはん食べて、昼は洗濯や掃除をして、買い物に行って、夕ごはんの支度をして、お風呂に入って寝る。それに、お皿を洗ったり、子どもを叱ったり、と、**いつ**

もと変わらない日常に、メリハリをつけましょう。そしたら、同じ生活でも、楽しく過ごせるわよ。

トコ家では、なんでも「パーティー」にしちゃいます。えっ、パーティーなんて、しょっちゅうできないわよ。なんてこと、言わないで。ただ、いつものメニューに「パーティー」と付け足すだけなの。今夜の夕食が、焼肉だったら、「今夜は、焼肉パーティーよ」と家族に発表します。普通に、今夜は焼肉よ、というときよりも、断然盛り上がるわよ。「おおっ、焼肉パーティーか」「わーいわい、焼肉パーチー、やったぁ」とか、冬の時期、どうしても食卓に続く鍋物なんて「また鍋？」と言われて腹が立つけど、ここもパーティーを付けましょう。「今夜は鍋パーティーよ」といえば、「おおっ、略して、鍋パーだね」「いやいや、ティーしか略してないし」と皆で、笑うこともできるわよ。トコ家では、「サバの塩焼きパーティー」だってあるのよ。

そうそう、ちょっとした工夫も大切。「みそ汁パーティー」と呼んだときは、鍋ごとみそ汁を運んできて、小皿に乗せた具を周りに置きます。入れるはずだった、ワカメやネギなど普通のものでいいのよ。それを、各自が自分でトッピングするだけで、はい「みそ汁パーティー」になっちゃいました。

ただ、おやつにケーキを食べるのも、普通に食べないで。大きなお皿に、みんなの分をのせて、「今日のおやつは、ケーキバイキングよ」といえば、いつものケーキなのに、盛り上がること間違いなし。

簡単でしょ、日常生活パーティー計画。**単に、パーティーという言葉を付けるだけでも、イメージが変わるのよね。**言葉は不思議。

あ、あと、パーティーという言葉ばかりじゃ飽きちゃうでしょ。その時は、大会、という言葉でも遊べる

わよ。「今日は手巻きずし大会よ」と、食事の時に使ってもいいし。みんなでお片付けする時なども、「いまから、お片付け大会よっ、よーい、はじめっ」と号令をかけたら、子ども部屋の散らかったおもちゃも、争うように片付けてくれたりするの。

その時は、子どものことも選手と呼びます。そして、大切なのは、途中です。「だれが一番にゴールするかな」とか。「現在、お兄ちゃん選手、一歩リードで片付けがすすんでおります。しかし、すぐ後ろに、ママ選手が追い上げてきております。おっと、向こうの角から、もうれつな勢いでやってくる選手が」などと、実況中継をするのよ。そしたら、おもしろがって、参加してくれるから。

＼まとめ／

おなじ日常生活でも、「パーティー」や「大会」という単語を使うだけで、ワクワクして楽しむことができますよ。

其の三十一

トコ家ルール その4 言いにくいことを言うときは？

「他愛のない話をしてから、だんだん、聞きにくい部分を尋ねる」

聞きにくいこと、言いにくいことって、いろいろあるわよね。
自分の口からはちょっと、というとき、トコ家では、ぬいぐるみを使います。

うさぎのぬいぐるみで「ねぇねぇ」と話しかける。

ううむ、なんだか、弟クンが悩んでいるみたい、なんてとき、ストレートに聞いても答えてもらえません。さらに、変に隠しちゃったりすることもあるわよね。お兄ちゃんに尋ねても、「知らん」というし。そこでそんな時、トコは、ぬいぐるみを使います。ぬいぐるみを持って、**「ねぇねぇ、わたしは、うさぎのぴょんちゃんだよ。一緒にあそぼ、どうしたの、なんだか、元気なさそうだぴょん」**と、話しかけると。最初は、嫌がって振り払ったりしているのですが、しつこく、ぬいぐるみで「ねぇねぇ」と、肩をたたいたり、耳をくすぐったりします。

それでも振り払ったら**「きゃあー、痛いんだぴょん、たたかれたからお耳がこんなに長くなったぴょん」**などと、しつこく語りかけます。そしたら、弟クンが近くにあったぬいぐるみ（トコ家はぬいぐるみが好きなんです）を顔を突っ伏せたまま、握って、「ぴょんちゃんの耳は、昔から長いもん」と答えてくれたりしたら、しめたもの。他愛のない話をしてから、だんだん、聞きにくい部分を尋ねるようにすると、なんとなく、ポツリポツリと話してくれますよ。話したら、少しは気が軽くなるみたいよ。

童話を作っていた思い出。

言いにくいことを聞きだす、ぬいぐるみ作戦、今でも、時々使ってます。トコ家ではこんな風に、想像をしながら、お話しを作ることをしょっちゅうしていました。

さらにトコは、オリジナルのお話を作って、聞かせたりもしたわ。絵も描いて、紙芝居のようにしたのよ。

おもしろいか、おもしろくないか、なんて関係ないわよ。**大切なのは、お母さんが、わが子のために、お話しを作って、絵を描いた**

ということなのだから。いまでも、「中身は覚えてないけど、童話作ってたよね」と言ってくれます。母子のいい思い出ですね。

そういえば、トコは、そのころから、お話しを作ったり想像をすることが好きだったのね。それが、今の仕事、コラムニストにつながっているのだから、**子どもを育てていたというより、自分が育てられていたのかもね。**

＼まとめ／

弟クンが監督した映画には、ちょくちょくぬいぐるみを使ってしゃべるシーンがあったり。着ぐるみうさぎが主人公とたわむれたり。その演出がすごいと書かれていたけど、トコ家では、普通のことだわ。

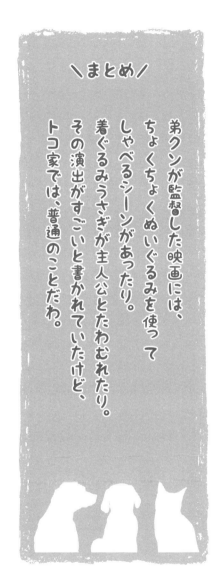

其の三十二

「お母さんが、家にいたからって、病気が早く治るわけじゃない」

気づき1

SMAP事件。

ママが一人でお出かけしたい時に限って、子どもって、わざとのように熱を出したりすると思わない？そんなときどうしましょ。

長男が、ライブの前日、熱を出しました。

専業主婦だったトコの子育て中のエピソードです。20年以上前のことなので。今と違うと思いますが。現代のように、子連れであちこちに行ける時代ではなかったので、出産後ずっと、映画やライブには、出かけたことがありませんでした。

ところがある日、小学校のママ友から、「SMAPのファンだったでしょ、ライブのチケットが入ったから、行かない？」と誘われたの。きゃあ、10年ぶりのライブよ、しかも大好きなSMAPなんてうれしい。長男はすでに小学校4年生になっていましたので、夕方数時間のお留守番はできますね。「行く行く、行かせて」と、3つ返事で答え、カレンダーにSMAPと大きく書き込みました。ところが、体調崩さなきゃいいけどね、と思っているときに限って、子どもって、熱出したりしませんか？

案の定、長男が、ライブの前日、熱を出しました。あわてて、病院に連れていき、その日は安静です。ただの風邪でしたので、薬も効いたらしく、午後は起きてきてゲームしたりしていました。で、翌日夕方は、心待ちにしていたSMAPのライブですが。チケットを持っている友人に、電話しました。

「ごめんね、誘ってくれたのに、明日のライブ、子どもが熱を出していけなくなったの」

「あらま、いいよいいよ。SMAPならいくらでも行きたい人いるから」と、返事されてホッとしました。子どもの部屋をのぞくと、すやすや寝ています。おでこに手を置くと、完全に熱はひいているようです。安心しました。

「行けばよかったじゃん」

夕方、私が家にいるのを見た息子が「あれ？　お母さん、今日はＳＭＡＰじゃなかったっけ」

カレンダーに大きく書いていたから、知っていたのよね。

「うん、そうだったけど、あなたが風邪ひいたから、看病のために行かなかったの」といったら、思いもよらぬ言葉が返ってきました。

「お母さんが、家にいたからって、病気が早く治るわけじゃないし、もう、熱も下がってるんだから、特に看病必要ないよ。行けばよかったじゃん」。

その時に、ガガーン、と気づかされました。確かに、もう熱も下がって、今朝は、とんかつ食べたい、なんて食欲も戻っていましたもの。なので、**楽しみをあきらめて、家にいて看病**、なんて、感謝されるかと思っていたけど、とんでもない。**母親の愛情の押し売りだったのかもね。**

＼まとめ／

ショックなことを言われましたが。
またしてもこれで気づかされたのよ。
愛情にもちょうどいい程度があって。
要求されていないのに、
自分がガマンしてまで与えるものは、喜ばれないのね。

其の三十三

気づき2

焦げた魚をこっそり食べるべからず。

「母性とは、相手に与えて気持ちのいいレベルが適正」——

実は、お母さんたちは、毎日ごはんを作っているけど。その時に、知らず知らずに我慢をしているのに、気がついてないのよ。

ガマンしていた自分に気づけた出来事。

焦げた魚って、一体なんのことかしら？と思いますよね。実は、トコの子どもがまだ小学校低学年だったころでしょうか。私は専業主婦で、必死に子育てをしていた頃です。そのころ、父親は仕事で忙しく、ほとんど母と子2人の3人で食卓を囲んでいました。その日は、銀だらみりんを焼いていたのよ。お味噌汁を作ったり、ホウレンソウをゆでたりしながら「もうそろそろかな」とグリルをのぞいていたら、固定電話が鳴りました。（このころは、携帯がなかったのよ）。手短に電話を済ませたつもりだったけど、戻ったら、キッチンには焦げ臭いにおいが。あっちゃー、一番奥の銀だらみりんが、真っ黒け。手前のふたつは、オッケー!!ちょうどよく焼けてます。もちろん！焦げた魚は私が食べます。いつもだったら、焦げた皮をそっと外してから食卓に運ぶんだけど、その日はバタバタしていたので、真っ黒に焦げた皮がついたまま、テーブルに並べたの。

「いただきまーす」その時、長男が私の皿を見て言いました。

「ママは焦げた魚が好きなんだね～」

「はぁ？なに言ってんの？私も、ふっくらとおいしく焼けた魚を食べたいわよっ。焦げたのなんか好きなはずないじゃない」とまくし立てたの。そしてその時、気づかされたの。…私は、ガマンをしていたんだ、と。

いつもいつも、子どもたちや家族に、当然のように、おかずの上手にできた部分をよそっていました。みんなの喜ぶ顔が見たかったから。それは母性として当然のことです。そして私は、ひしゃげたコロッケや、破れたロールキャベツ、バラバラになった餃子をいつも食べていました。

そんな**ガマンの毎日に、誰も気づいてくれておらず**、あげくの果ては、「焦げた魚が好きなんだね～」だってさ!!

パァン、とこの時、母性の風船が割れた気がしました。

ママのガマンを気づかせる。

母性とは、相手に与えて気持ちのいいレベルが適正であって、やりすぎの母性、つまり自分がガマンしてまでも与える必要はないのではないでしょうか。

それから、トコはちょっと変えてみました。私のお皿に一番おいしい部分を盛り付けてみました。そしたら、子どもたちは「ママだけ、ずるいー」と騒ぐのよ。そこで、

「ずるくないよ。ママが作ったんだから、一番いいところを食べる権利があるの」と言いました。

「だって、ボク、お料理できないもん」


そこで、すかさず、料理を教えたらよかったのですが。そんな気持ちの余裕は当時はなく(この部分は失敗ね。みなさんはこんなチャンスを逃さずに、料理男子を育ててくださいね)。でも、ママのガマンを気づかせることに成功したわ。

ママの愛はこっそりでなく、気づかせましょう。

＼まとめ／

「あーあ、お魚が焦げちゃった。仕方ないから、食べるね」と、堂々とガマンを宣言しましょ。

そうすると、たまには、

「今日はボクが食べるよ」なんて言ってくれるかも。

其の三十四

「それからは、遅い時間に洗濯物を出さなくなりましたよ」——

気づき3

体操服を夜中に洗うべからず。

運動会が近くなったら、体操服の洗濯が増えるわよね。学校から帰ってきてすぐに出したらいいけど、寝る前に「これ洗っておいてね」と渡されても乾かないから困るわよね。

お母さんが困っているの、伝わってない？

夜遅くなって、洗濯物を出されたらどうします？しかも翌日学校で使うらしいのよ。トコは、もう、早く出してよ、と言いながらも、夜中に洗濯機を回していました。朝、乾いていればいいのですが。真夏以外だと、まだ湿っているのよ。

そこで、朝、忙しい中、乾燥機では時間がかかるので、ドライヤーで直接、熱風を当てて、完全に乾かして、渡していました。

で、ここに置いておくわよ、と伝えたのに、体操服袋ごと、玄関に忘れて行っていたりして、もう、ぷんぷんです。で、気づいたのです。

夜、洗濯物を出しても、朝、キチンと乾かした状態で渡すから、なぜ、夜出したらお母さんが困るのか、が**伝わってないいんじゃないの？**

こっそりしてあげるんじゃなくて、言わなきゃよね。

そこで、次に夜出したときは、「今、出しても朝までに乾かないけどいいの？」と聞きました。息子はポカンとして「いいよ」といいました。それはそうですね、今まで、乾いていたのですから。

で、翌朝です。短パンのウエストのゴムあたりと、ポケットの裏側が、湿っていたけど、そのまま体操袋に入れて渡しました。

そしたら、どうでしょう。帰宅して文句を言うんです。

「ねえ、今日の体操服は、おなかのところが冷たくて、気持ち悪かったよ」だって。

「そりゃあそうよ。乾く時間がなかったから、濡れてたもんね。でも、昨夜聞いたら、それでいいって言ったでしょ」

「いつも乾くやん」

「それは、朝早く起きて、ドライヤーで乾かしてあげていたからなのよ」

「えー、やってよ」

「いやだー、自分でしてよ」といいあったわ。

で、次もまた、寝る前に体操服を出したので、「また、乾かなくても大丈夫かしら」と尋ねたら。「あ、そうか、じゃあ、洗わなくていいや」とひっこめました。

一度くらい体操服を洗わなくても大丈夫ですよね。彼は、彼なりに、汚れた体操服を着るか、湿った体操服を着るか、でなやんで、自分なりに決断したのです。

それからは、遅い時間に洗濯物を出すことは、なくなりましたよ。

こっそりしてあげている愛情に、意外と気づいてくれていないのよね。これからは、言わなきゃよね。

＼まとめ／

プラスアルファの家事をする時は、残業代を請求するのはどうかしら？
夜おそい洗濯は、肩たたき10分、とか。
それなら、ニコニコでできるわね。

其の三十五

気づき4

「うちの子はうちの子、としっかり見守りましょう」

ちょっと上手、をうらやましがらない。

ちょっと計算が早い、ちょっととび箱の高いのが飛べる。ちょっと早く走れる、ちょっと作文がうまい。そのちょっとをわが子ができなかったら、心配したり叱ったりしますが。大人になって思います。「ちょっとできたからって何？」

みんなおなじ時期に同じことができるわけじゃない。

子育て中は、そのちょっとができるよそのお子さんがまぶしくみえるのよ。うちの子は、字も読めないのに、あの子は入園前に、漢字をかいているわ。うちも急いで、おけいこに通わせなきゃ。と焦るわよね。

でも、幼少時代は、4月生まれと3月生まれと同じ学年だけど、ほぼ一年の年齢差があるわよね。生まれたてで寝返りもできない赤ちゃんと、一歳でつかまり立ちする赤ちゃんが同じクラスになるんだもの。

幼い頃は、できることに差があっても当たり前。さらに、みんなおなじ時期に同じことができるわけじゃないんだもの。漢字だって、小学校に入学したら、習うんですもの。その時に学んでいいと思います。大人になったら、そのころの「ちょっと人よりできていた」ことは、関係なくなっているわよ。

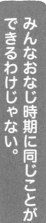

繰り返しが、考える力を育てます。

あまりに早い時期に、計算なんてトレーニングしたら、理由がわからずテクニックだけで解けちゃうのよ

ね。まあ、それでもいいけど。学習というのは、**わからないことを、間違えながら、学んでいくことで、本当の学力が身につくと思うの。**その繰り返しが、考える力を育てます。うちの子はうちの子、とわが子の成長をしっかり、見守りましょう。

ちょっとできないから、何だ！

ニコニコママになって以来。子どもだけに集中していた時間を、自分の時間にあてるようになり。いろんな本を読んだりお話をきいたりして、視野を広く持てるようになりました。海外青年協力隊の方たちにお話しを聞いたら。学校に通えない子どもたちがたくさん世界にはいました。毎日、家で使う水を、桶をしょって川に汲みに行くのが幼い子の仕事、だとか。教育を受けられないので、字が読めない。その字が読めないことがどれだけ、その後の人生をさまたげることになるのか、など。

そんなことを知ったら、ちょっとできないことが、何だろう、と思うようになって。叱らなくなったのよ。今自分たちがどれだけ恵まれた環境にいるかを知り、感謝することができるようになりました。

＼まとめ／

元気でにこにこしてくれていたら、
それだけで、うれしいものです。
私たちの子育ての悩みは、
すこし贅沢なのかもしれませんね。

トコ&次男

対談 あのとき、実はどう思ってた？

男の子は放置で正解だったのか！

映画監督、脚本家として数々の人気作品を生み出している次男の松居大悟さん。クリエイターとしての自由な発想を生み出す原点は、実は「ほったらかし育児」にあったのではないかとご本人も思っているよう。ご長男と違い、トコさんの「ガミガミ時代」を経験していない次男・大悟さんに当時を思い出してもらいましょう。

大悟：小さいころ、兄がすごく怒られているのを見て、幼心に「受験期になったらこんなに言われるのか、嫌だな」と思っていたら、いざ自分の時に全く言われなくて。「あれ？ なんで？」って肩すかしを喰らったのを覚えてる。

トコ：長男の受験の時に、どれだけガミガミ言っても効かないいんだって悟ったの

小説とか書いて大悟に読んでもらってたのよね。いつも最初の読者が大悟で。

で2年後の大悟のときにはもう何も言うまい、と心に決めたの。

大悟：あまりに勉強しなさいとか言わないから、怒られないことに対する不安もあって、自分から勉強したんだよね。

トコ：お兄ちゃんみたいに怒られてたらどうだったと思う？

大悟：同じように反発して、勉強も嫌になって、第一志望落ちてたんじゃないかな。

トコ：あなたのときは、中学受験から大学まで何にも言わなかったもんね。附設（編注：久留米大附設中学校・高等学校。日本有数の進学校）に受かったときも、合格発表すら見に行かなかったくらい（笑）

大悟：本人も家族も受かると思ってなかったからね。記念受験したら、奇跡的に受かった。入学後も、ギリギリ受かった学校だから最初のテストが151人中149番で、さすがにこのテスト結果を持って帰ったら怒られるな、と思いながら見せたら「あら、まだ下に二人もいたのね。あとは上がるだけじゃない」って言われて。びっくりした。

トコ：その後、もう成績も全く報告しなかったもんね。

大悟：プリントとかも私に見せなくていいから、親の字をまねてサインして提出しておきなさいって。

トコ：それはもう時効ってことで（笑）。だって私が目を通すことで何が変わるの？って思うじゃない。自分の人生なんだから、自己責任で判断すればいいと。

大悟：とにかく「しなさい」とか「やらされる」という感覚が皆無で、自分の意志でしたいことを探しなさいというスタンスだったので、それは今の仕事につながってるかもと思うよ。この先も母にはたぶん何も言われないだろうから、自分の道は自分で見つけて行こうと子どものころから考えてた。意志を持ち続けようと。
トコ：今思うと、小さいころから舞台とかにはよく連れて行ったよね。別に何を見せようとか、学んでほしいなんてことは全然考えてなくて、ただ私が好きだっただけなんだけど。一人で行く勇気がなくて、誘える友達もいなかったから次男を連れて行ったっていう。
大悟：小学生の頃から三谷幸喜さんとか、長塚圭史さんとかの舞台をたくさん経験させてもらったよね。テレビとは違う、生の舞台の面白さは幼心にも感じた。だからといってそれを仕事にしようなんて当時は考えてなかったんだけど。あとは、成績とかには無関心なんだけど、自分で描いた小説を読ませてくれたり、そういう会話は常にあったよね。
トコ：コラムニストになる前に、子ども向けの小説とか書いて大悟に読んでもらってたのよね。いつも最初の読者が大悟で。
大悟：逆に高校生の時、僕が漫画家を目指したときには最初に読んでもらったりして。何かをしろとは言わないけど、僕が興味を持ったことに対して無関心では決してなかった。
トコ：中学生になったくらいから私が仕事を始めたじゃない？そのころ、もう弁当とかいらないからって言われたの覚えてるんだけど。
大悟：仕事が軌道に乗るかどうかってころだったから、気遣ってたんじゃない？無意識に。覚えてないけど。
トコ：うちは、それぞれが支え合うっていうより、私も頑張るからあなたも頑張って、みたいな「放置」がスタンダードだもんね。
大悟：背中見てがんばれや、的な（笑）。
トコ：長男にガミガミ言い続けた結果受験に失敗して、何も言わなかった次男がその学校に受かったのを見て、「あ、男の子は放置でいいのか。正解だったのか！」ってわかったの

よ。じゃあ、私は私の仕事を頑張ろう！って。

大悟：テレビに出てるのを見たときは素直にすごいなって思ったよ。

トコ：そうなの！？一度も言われたことないわよ！むしろ嫌なのかと思ってた。

大悟：恥ずかしいから言わなかったけど、いつも見てた番組に母親が出てるってすごいなって。

トコ：横で昼寝してた人がエラそうにテレビで話してるの見たら、それなら俺も映画くらい撮れるかなって思うよね（笑）。

大悟：うん、とくに抵抗はなかったかも。ほんとに母親が、自分で自立する姿を見せて学ばせてくれた感じだな。

トコ：私から影響受けたことって他にある？

大悟：昔、福袋を買おうとしたら怒られたことあったよね。もしかしたら僕が怒られた唯一の記憶かも。

トコ：そうね、1万円の福袋にいくら10万円分入ってても、それより1万円の好きなものを買うべきだと思うから。欲しくないものにお金を使ってほしくない。

大悟：それとか、小学生の時に寝れなくて泣いてたら、「眠くないなら寝なきゃいい」って言われたのも覚えてる。どっちも常識とは違うけど筋は通ってるな、と思ったよ。そういう点はすごく受け継いでると思う。

トコ：良かったわ。私の今の夢はあなたがもっともっと有名になって、親子で徹子の部屋に出ることなの。ますます頑張ってね（笑）。応援するわ〜。

大悟：オファーが来たら、必ず母親も同伴でって言うよ（笑）。

本文
トコ

編集
上田瑞穂

デザイン・DTP・カバーデザイン
有馬沙里

九州のママに贈る
男の子を成功に導くトコ流「ほったらかし育児」術

2015年 5月20日　第1版・第1刷発行

著　者　トコ
発行者　メイツ出版株式会社
代表者 前田信二
〒102-0093 東京都千代田区平河町一丁目1-8
TEL：03-5276-3050（編集・営業）
03-5276-3052（注文専用）
FAX：03-5276-3105
印　刷　株式会社厚徳社

メイツ出版ホームページアドレス http://www.mates-publishing.co.jp/
編集長：大羽孝志　企画担当：大羽孝志

九州のママに贈る 男の子を成功に導く

トコ流 ほったらかし育児術